W0192290

Anne Waak

Der freie Tod

Blumenbar

Anne Waak

Der freie Tod

EINE
KLEINE
GESCHICHTE
DES
SUIZIDS

Blumenbar

Vorwort

Seit mehr als zweitausend Jahren streitet man sich darüber, ob der Mensch ein Recht hat, sich zu töten, oder die Pflicht, weiterzuleben – bislang ohne Ergebnis. Was man weiß, ist, dass Menschen sich immer umgebracht haben. Laut dem französischen Soziologen Émile Durkheim, der 1897 das Grundlagenwerk »Le Suicide« herausbrachte, hat jede Gesellschaft in jedem Augenblick ihrer Geschichte eine bestimmte Neigung zum Selbstmord.

Oft ist von ihm als einem Tabuthema die Rede – eine Aussage, die Wolfgang Herrndorf in seine Liste der Sätze aufnahm, »die Sie als Vollidiot zum Thema Tod unbedingt sagen müssen«. Tatsächlich eignet sich der Suizid nicht sonderlich gut für Small Talk, andererseits erschienen im Zeitraum zwischen Durkheims Untersuchung und dem Jahr 1970 ganze 4700 Veröffentlichungen zu diesem Thema. Von Verdrängung kann also keine Rede sein. Gerade in dem, was zum Selbstmord geschrieben wird, zeige sich nicht das Tabu des Todes, schreibt Roger Willemsen, sondern »der Terror des Lebens, die Stilisierung der Existenz zum ersten Wert«. Aber, um einen anonymen Abschiedsbriefschreiber zu zitieren: »Was ist schlimmer: tot zu sein oder tot zu leben?«

Ein anderer von Herrndorfs Idiotensätzen lautet, der Tod gehöre zum Leben. Nicht nur aus dem offensichtlichen Grund, weil der eine zwangsläufig am Ende des anderen steht. Sondern auch, weil in jedem von uns neben einem Instinkt zum Leben auch eine Tendenz zur Selbstzerstörung besteht. Viele menschliche Verhaltensweisen tragen dazu bei, die Lebenserwartung zu verkürzen: Rauchen, Trinken, Drogen, kalorienreiches Essen, Sport, die Teilnahme am Straßenverkehr und selbst Sex lassen sich als selbstverletzendes und damit indirekt suizidales Verhalten auffassen. All diese Kulturtechniken sind Teil unseres Gepäcks, das Leben selbst ist immer risikoreich und ultimativ tödlich, ja, es wird, folgt man dem österreichischen Philosophen und Genussverfechter Robert Pfaller, durch tendenziell gesundheitsschädliche Praxen überhaupt erst lebenswert. Innerhalb dieser Logik stellt Selbstmord lediglich einen Extrempunkt auf einer Skala dar.

Das Deutsche ist wahrscheinlich eine der wenigen Sprachen, die vier Worte für diese eine Sache kennen. Jedes von ihnen hat eine eigene ideologische Färbung: Martin Luther hat 1527 als Erster von »sein selbst morden« geschrieben und so den »Selbstmord« geprägt, Sir Thomas Brown erfand im Jahr 1643 den neulateinischen Begriff »Suicid«, Nietzsche den fast romantischen »Freitod« (ein Wort übrigens, das im nationalsozialistischen Deutschland wegen seines negativen Propagandawertes verboten war). Mit dem juristischen Begriff »Selbsttötung« wird versucht, größtmögliche Neutralität zu signalisieren.

Am prägnantesten hat Roger Willemsen das Dilemma beschrieben, der 1986 das Buch »Der Selbstmord« herausbrachte und diesen Titel bei einer späteren Neuauflage erneut wählte, »wohl wissend, dass keine Vokabel das Phänomen im Kern erfasst: So wenig einen ›Mord‹ begeht, wer sich umbringt, so wenig ›frei‹ ist, wer in den Freitod geht. Doch wer, wie die Psychologie, glaubt, dem Dilemma durch Schwulstformen wie ›Suizid‹, ›suizidieren‹ und ›Suizidalität‹ zu entkommen, muss gleichzeitig einräumen, dass ›Suizid‹ nichts anderes ist als die lateinische Übersetzung von ›Selbstmord‹«. Weil also keine Formulierung richtig gut ist, benutze ich sie abwechselnd und ohne werten zu wollen.

In »Le Suicide« beschreibt Durkheim die Linderungs- und Schutzwirkung des Glaubens: Religiöse Menschen bringen sich seltener um als religiös unempfindliche. Unklar ist, ob das an der Hoffnung spendenden Kraft der Religionen oder an ihrem Selbstmordverbot liegt, das den Glauben zu einer Art instrumentalisierten Angst vor sich selbst macht. Erst mit dem Tod Gottes befreit sich der Mensch, er ist damit allein für sein Leben und damit auch für sein Sterben verantwortlich. Dass das Leben das größte Geschenk ist, das er – ungefragt – bekommt, heißt nicht, dass er es nicht zurückgeben kann. Der Selbstmord ist die letzte Freiheit, die uns bleibt. Auch und selbst in den Fällen, wenn er falsch ist, feige oder unendlich grausam gegen andere.

Ein Buch über Selbstmord muss heute auch immer eines über Depression sein. Aber wie frei ist ein Tod, der unter dem Eindruck begangen wird, nur so dem Zustand entkommen zu können, den der Autor Alexander Wendt mit »die Widerwärtigkeit außen und die Hässlichkeit innen« beschreibt, als eine Kapsel der Traurigkeit, gleich »einem großen metallenen Überraschungsei, dessen symmetrische Hälften sich aufeinander zubewegen«.

Seit die Menschen über den Selbstmord nachdenken, haben sie sich mit der Depression (oder der Melancholie, wie sie lange hieß) beschäftigt. Es wurde empfohlen, sich das Gesicht mit Hasenblut zu waschen oder einen Bezoar bei sich zu tragen, einen Stein, der aus verschluckten Haaren und organischen Abbauprodukten im Magen von Wildziegen entsteht. Erst der Mediziner Emil Kraepelin definierte 1899 das »manisch-depressive Irresein« als Krankheit mit körperlichen Ursachen. Aber nur weil die Depression nicht mehr als Problem der Galle oder als Gottesstrafe verstanden wird, sondern als eine Art Schnupfen des Gehirns, heißt das noch lange nicht, dass sie so einfach heilbar wäre. Antidepressiva helfen einigen tatsächlich, bei anderen wirken sie immerhin über den Placeboeffekt. Bei manchen schlagen sie gar nicht an. Die Annahme, dass einer Depression ein gestörter Serotonin-Haushalt zugrunde liegt, mag genauso irrig sein wie der Tipp mit dem Hasenblut.

David Foster Wallace beschreibt das Verhältnis einer depressiven Person zur Unerträglichkeit ihrer Krankheit so: Ein Psychotisch-Depressiver sitzt im Obergeschoss eines brennenden Hochhauses. Die Furcht davor, bei vollem Bewusstsein in die Tiefe zu springen, bleibt konstant, aber der Schmerz nähert sich in Gestalt der lodernden Flammen. »Wenn die Flammen nah genug kommen, wird der tödliche Sturz die geringfügig kleinere von zwei Schreckensvorstellungen. Es geht nicht um eine Sehnsucht, sich herunterzustürzen, es geht um den Schrecken der Flammen. Und keiner unten auf dem Fußweg, der hochschaut und schreit ›Nicht‹ und ›Halt durch‹, kann verstehen, warum jemand springt.«

Der Philosoph Byung-Chul Han bezeichnet die Depression als eine narzisstische Erkrankung: »Zur Depression führt der überspannte, krankhaft übersteuerte Selbstbezug. Das narzisstisch-depressive Subjekt vernimmt nur Widerhall seiner selbst. Bedeutungen gibt es nur dort, wo es sich irgendwie wieder erkennt.« Nur so kann ich es mir erklären, dass sich Leute vor Züge werfen. Der Blick ist auf das eigene Unglück verengt, das Leben und der Tod der anderen ausgeblendet.

Jeder Selbstmord ist eine Absage an die Gemeinschaft, eine Beleidigung derer, die zurückbleiben, und immer eine Tragödie. Das aber hat Leute noch nie davon abgehalten, sich aus den verschiedensten Gründen und auf interessante Arten umzubringen. Von einigen von ihnen handelt dieses Buch.

Was Sie schon immer über
Selbstmord wissen wollten

- Der älteste erhaltene Abschiedsbrief heißt »Gespräch eines Lebensmüden mit seiner Seele« und wurde um 1900 vor unserer Zeit in Ägypten in Hieroglyphen verfasst.

- Die weltweit erste Telefonseelsorge und Lebensmüdenberatung richtete der Pfarrer Harry Warren im Jahr 1895 in New York ein. Anrufer hörten eine unermüdliche Wiederholung von Bibelsprüchen, sowohl live als auch vom Tonband.

- Viele Menschen kennen den Sog, der von einem unter ihnen sich auftuenden Abgrund ausgeht oder von dem blitzartigen Gedanken, das Auto in der Kurve einfach geradeaus schießen zu lassen. Mit Todessehnsucht hat das nichts zu tun, sondern im Gegenteil mit dem Drang zum Leben: Man wird mit seiner Angst bekannt gemacht. Und wer Angst hat, springt nicht.

- Der junge Psychologe Edwin Shneidman entdeckte 1949 im Keller der Gerichtsmedizin des Los Angeles County ein Konvolut von 721 Abschiedsbriefen von Selbstmördern. Zusammen mit seinem Kollegen Norman Farberow begann er, diese nach Motiven zu analysieren. Aus ihrer

Arbeit erwuchs das Los Angeles Suicide Prevention Center, die erste Einrichtung dieser Art.

- Es gibt kein Selbstmordgen, aber Familien, in denen sich die Fälle häufen, wie die van Goghs, die Manns oder die Hemingways.

- In den meisten Ländern der Welt ist der private, nicht assistierte Selbstmord legal – oder richtiger: der Versuch. Tote kann man schlecht vor Gericht stellen. Ausnahmen sind etwa Indien und Singapur, wo gescheiterten Suizidenten bis zu einem Jahr Gefängnis droht. In Australien können die Überlebenden eines Suizidpaktes wegen Totschlags angeklagt werden. Nach allem, was man über Nordkorea weiß, werden dort die Angehörigen eines Selbstmörders bestraft. In vielen anderen Ländern droht die Zwangseinweisung in eine psychiatrische Anstalt.

- Der Talmud lehrt, man solle um Selbstmörder nicht trauern, weil Gott hier kein Leben genommen, sondern jemand Gott das Leben geraubt hat.

- In der Schweiz und in England wird der November »Hängemonat« genannt. Ohne Grund. Entgegen der weitverbreitenden Ansicht, die meisten Selbstmorde würden in der sogenannten dunklen Jahreszeit verübt, bringen sich auf der Nordhalbkugel die meisten Menschen im Mai und Juni um, auf der Südhalbkugel im Dezember. Gerade der Kontrast zwischen dem eigenen Empfinden und dem wahrgenommenen Zustand der Welt ist entscheidend oder, wie es ein Betroffener formulierte: die Paranoia, der Frühling werde nur für die anderen veranstaltet.

- **Samstag ist der unbeliebteste Tag, um sich umzubringen.** War der Dienstag zu Émile Durkheims Zeiten der beliebteste Wochentag, ist es heute der Montag.

- **Das ungarische »Szomorú Vasárnap«, das auch als »Gloomy Sunday« oder »das Lied vom traurigen Sonntag« bekannt ist, soll Menschen zum Selbstmord bewegt haben.** Sein Komponist Rezső Seress hatte es 1933 geschrieben, nachdem ihn seine Geliebte verlassen hatte. Seress, der ein Naziarbeitslager überlebte, brachte sich 1968 um.

- **1926 versuchte sich die 17-jährige Maria Reiter zu erhängen, weil Adolf Hitler sie nach seinem Heiratsantrag monatelang nicht mehr besucht hatte.** 1931 erschoss sich die 23-jährige Geli Raubal, Hitlers Nichte und mutmaßliche Geliebte, nach einem Streit mit ihm. Eva Braun hatte in den Jahren 1932 und 1935 zwei Selbstmordversuche hinter sich gebracht, mit denen sie angeblich und erfolgreich versuchte, ihm näherzukommen.

- **Bis zu 43 Prozent der Suizidenten hinterlassen einen Abschiedsbrief.**

- Den Selbstmord aus der größten Höhe verübte im Januar 2002 der ehemalige britische Soldat Charles Bruce, indem er sich 1500 Meter über der Grafschaft Oxfordshire aus einer Cessna stürzte. Seine Copilotin hatte noch versucht, ihn am Hosenbund festzuhalten, ohne dabei die Kontrolle über den Zweisitzer zu verlieren.

- In Japan geht ein Drittel der Selbstmorde auf Überarbeitung zurück.

- Das Krankheitsbild Depression war in Japan bis ins Jahr 2000 praktisch unbekannt, Zustände wie Traurigkeit und Schwermut dagegen gesellschaftlich anerkannt – bis der Pharma-Konzern GlaxoSmithKline sein Antidepressivum Paxil auf den japanischen Markt brachte.

- Die Tagesmenge an Antidepressiva, die in Deutschland verschrieben wird, hat sich zwischen 2000 und 2013 verdreifacht.

- In den Vereinigten Staaten liegt bei bis zu 30 Prozent aller Tode bei Schießereien mit der Polizei ein »suicide by cop« vor: das Provozieren eines Officers, damit der einen umbringt. 98 Prozent der Suizidenten sind Männer.

- In Südkorea kann man seit einigen Jahren Kurse belegen, in denen der eigene Tod simuliert wird. Die Teilnehmer schreiben Abschiedsbriefe, legen das traditionelle beige Beerdigungsgewand an und betrachten ihr schwarz gerahmtes

Porträtfoto. Die Zeit im Dunkel des geschlossenen Sarges soll dazu genutzt werden, über das Leben nachzudenken und schmerzhafte Erinnerungen zurückzulassen.

■ Nach dem sich der ehemalige südkoreanische Präsident Roh Moo-hyun im Mai 2009 von den Felsen hinter seinem Haus in dem Dorf Bongha in den Tod gestürzt hatte, besuchten vier Millionen Südkoreaner dessen Heimatort.

■ In Belgien und in den Niederlanden entscheiden sich fünf Prozent der Menschen für die dort erlaubte aktive Sterbehilfe.

■ Der Nachahmereffekt – also dass Leute sich durch einen Selbstmord ebenfalls ermutigt fühlen, sich umzubringen – tritt um 14-mal wahrscheinlicher ein, wenn der Suizident ein Politiker oder ein anderweitig Prominenter war.

■ Aber auch instruktive Bücher können diesen Effekt haben: 1993 erschien Derek Humphrys Buch »Final Exit«, in dem er das Ersticken mit Hilfe einer Kombination aus Plastiktüte und Helium als die beste Methode zum Selbstmord beschrieben hatte – die Exit-Bag. Daraufhin stieg in New York die Zahl der Menschen, die auf dieselbe Weise umkamen, von acht auf 33. Neun von ihnen hatten »Final Exit« bei sich.

- Wenn Leute in ein Hotel in der Stadt einchecken, in der sie wohnen, verüben sie mit 20-mal höherer Wahrscheinlichkeit Selbstmord als andere Gäste.

- Weltweit gesehen ist der Gifttod mit 30 Prozent die am häufigsten gewählte Methode, sich umzubringen. Besonders in ländlichen Gegenden von Ländern mit niedrigem und mittlerem Einkommen – dort, wo drei Viertel aller Selbstmorde geschehen – greifen die Menschen häufig zu Pestiziden.

- 2012 gab es weltweit schätzungsweise 804 000 Todesfälle durch Selbstmord, das ist einer alle 40 Sekunden. Die weltweite Suizidrate beträgt damit 11,4 Menschen pro 100 000 Einwohner.

- 90 Prozent aller Selbstmorde liegen psychische Störungen zugrunde, meist Depressionen.

- Mit nur etwas mehr als einem Prozent ist das Ertrinken die am seltensten gewählte Methode, zu sterben.

- Eltern, schwangere Frauen und übergewichtige Männer begehen mit geringerer Wahrscheinlichkeit Selbstmord als alle anderen.

- Statistisch gesehen liegt das größte Selbstmordrisiko bei in Großstädten allein lebenden, atheistischen alten Männern mit Alkoholproblem.

- Während sich etwa 0,7 Prozent der Gesamtbevölkerung umbringen, sind es bei Punkmusikern 11 und bei Mitgliedern von Metal-Bands ganze 19,3 Prozent. Die niedrigsten Suizidzahlen unter Musikern weisen mit 0,9 Prozent Gospelmusiker auf.

- **Während lebensbedrohlicher Krisen- und Notzeiten sinken die Selbstmordraten in der Regel.** Zwar brachten sich Menschen angesichts drohender Deportationen um, insgesamt aber sanken die Zahlen während des Zweiten Weltkriegs dramatisch. Danach stiegen sie in vielen europäischen Staaten zeitgleich mit dem beginnenden wirtschaftlichen Aufschwung Anfang der 1950er Jahre. Geht es um das nackte Überleben, sinkt die Neigung zur Lebensmüdigkeit. Sind die Menschen zum Zusammenhalten gezwungen, sind sie weniger narzisstisch.

- **In lediglich wirtschaftlich bedrohlichen Zeiten hingegen steigt die Selbstmordrate.** Im Laufe der vergangenen hundert Jahre lag sie in den Vereinigten Staaten von Amerika 1932, während der Großen Depression, mit 22,1 am höchsten. Derzeit ist die Rate in dem Land mit 13 auf dem höchsten Stand seit 30 Jahren. 2014 waren das insgesamt 43 000 Tote. Unter den Methoden verzeichnet das Ersticken, zu dem auch Erhängen zählt, Zuwachsraten von 90 Prozent.

- **Dabei war die weltweite Selbstmordrate seit den 1990er Jahren dramatisch gefallen.** Grund dafür sind die verbesserte Wirksamkeit und vermehrte Verschreibung von Antidepressiva und das gewachsene Angebot an Präventionsmethoden.

- **In Deutschland hat sich die Rate seit 1980 fast halbiert.**

- **Derzeit begehen jedes Jahr etwa 7000 Depressive Suizid.** Das sind ungefähr 15 Prozent aller, die an einer schweren Depression erkrankt sind.

- **Durchschnittlich drei Menschen werfen sich hierzulande jeden Tag vor einen Zug.**

- **Die Deutsche Bahn unterhält in Bad Malente ein eigenes Sanatorium, das auf die Behandlung von Lokführern mit posttraumatischen Belastungsstörungen spezialisiert ist.**

- **Die aktuelle Internationale statistische Klassifikation der Krankheiten und verwandter Gesundheitsprobleme (kurz ICD) führt den Suizid oder »absichtliches selbstverletzendes Verhalten« unter den Kennziffern X60 bis X84.**

- **Anders als die Bibel verbietet der Koran den Selbstmord explizit – außer, es handelt sich um einen Tod für Gott.** Aus dem gleichen Grund gilt Jesus der christlichen Lehre zufolge als Märtyrer und nicht als Selbstmörder. Die niedrigste Suizidrate herrscht in der islamischen Welt. In Saudi-Arabien liegt sie bei 0,9, in den Vereinigten Arabischen Emiraten bei 3,2 und im Iran bei 5,2. Im buddhistisch geprägten Bhutan, dem einzigen Land auf der Welt mit einer staatlichen »Kommission für das Bruttonationalglück«, liegt sie dagegen bei 17,8.

- **Laut Freud ist der Selbstmord ein Abkömmling des Todestriebes.** Nach Karl Menninger besteht Suizidalität aus dem Wunsch, zu töten, aus dem Wunsch, getötet zu werden und dem, zu sterben. Für Durkheim ist der Selbstmord ein abgewandelter und abgemilderter Mord. Cesare Pavese nannte den Selbstmörder einen »schüchternen Mörder«.

- **Im Jahr 2015 gab es weltweit 481 Selbstmordanschläge, der ganz überwiegende Teil davon im Irak, in Nigeria, Afghanistan und Syrien.** 2007 waren es 500 gewesen, 1981 ein einziger.

- **Als erste moderne Selbstmordattentäter gelten die beiden Studenten Nikolai Ryssakow und Ignati Grinewizki, die am 13. März 1881 den russischen Zaren Alexander I. töteten.** Sie warfen mit Dynamit gefüllte Dosen, die nur im Umkreis von einem Meter tödlich waren, auf den Zaren. Der kam wie die Attentäter bei dem Anschlag um.

- **1888, kam es zum ersten politischen Hungerfastentod außerhalb Indiens: Russische Strafgefangene erstritten so bessere Haftbedingungen.**

- Auch die ersten Selbstmordattentäterinnen stammen aus dem vorrevolutionären Russland: 1907 erschoss die 21-jährige Konzertpianistin, Sängerin und Sozialrevolutionärin Evstolia Ragozinnikova erst einen General in seinem Büro, dann plante sie, sich mit 13 unter ihrer Korsage verborgenen Pfund Sprengstoff mit dem gesamten Gebäude in die Luft zu sprengen. Sie wurde festgenommen und gehenkt.

- Als die »schönste Selbstmörderin« gilt Evelyn McHale, die 1947 im Alter von 23 Jahren von der Aussichtsplattform im 86. Stock des Empire State Building sprang und auf dem Dach einer schwarzen Cadillac-Limousine der Vereinten Nationen landete. Der Fotografiestudent Robert C. Wiles hörte den Knall und fotografierte die Szene. Durch den Aufprall aus 320 Metern Höhe barst das Autoglas, die Karosse ist wie ein Bettlaken um McHale herum gefaltet. Die Tote selbst liegt scheinbar vollkommen unverletzt da, mit elegant überkreuzten Knöcheln, sie trägt weiße Handschuhe und Perlen um den Hals.

- In einkommensstarken Ländern begehen etwa dreimal so viele Männer Suizid wie Frauen. In ärmeren Ländern hingegen ist die Differenz zwischen Männern und Frauen geringer. Dort kommen auf eine Frau, die sich das Leben nimmt, statistisch gesehen nur anderthalb Männer.

- Auf einen Erwachsenen, der durch Suizid stirbt, kommen 20, die einen Suizidversuch begehen.

- Der größte Risikofaktor für einen Suizid ist ein missglückter Suizidversuch.

Sechs Lieblingsorte von Suizidalen

■ **Beachy Head, East Sussex, England**
Großbritanniens beliebtester Ort für Menschen, die Suizid begehen wollen, sind die Kreidefelsen an der englischen Südküste nahe Eastbourne. Seit dem 7. Jahrhundert stürzen sich Lebensmüde von der sich 162 Meter über dem Meer erhebenden Landspitze, derzeit sind es etwa 20 im Jahr. Eine Patrouille, Mitarbeiter des örtlichen Pubs und Taxifahrer aus der Gegend halten stets Ausschau nach potentiellen Selbstmördern und greifen im Zweifel ein.

■ **Golden Gate Bridge, San Francisco, USA**
Seit ihrer Eröffnung im Jahr 1937 haben sich mindesten 1200 Menschen von der Art-Déco-Brücke an der Mündung zur Bucht von San Francisco gestürzt – durchschnittlich alle zwei Wochen einer. Allein im Jahr 2013 waren es 46. Nur drei Dutzend haben bislang überlebt. Unter den Mitarbeitern der California Highway Patrol steht der Code 10–31 für einen *jumper*. Der 500. Suizident war 1973 ein Bewohner einer örtlichen Kommune, der unter dem Einfluss von LSD sprang, der 1000. war im Juli 1995 der 25-jährige Eric Atkinson. Stirbt man nicht schon durch den Aufprall auf die aus dieser Höhe betonharte Wasseroberfläche, drückt einen die Strömung nach unten. Sie ist so stark, dass manche Leichen

nie gefunden werden. Die Brücke scheint auf Lebensmüde einen eigenartigen Sog auszuüben: Während nicht bekannt ist, dass ein Selbstmörder die Golden Gate Bridge überquert hätte, um sich von der nahe gelegenen Bay Bridge zu stürzen, die San Francisco mit Oakland verbindet, ist es andersherum sehr wohl der Fall. Neben der baulichen Schönheit der Brücke und dem Wissen, dass schon viele andere zuvor von ihr gesprungen sind, spielt sicherlich eine Rolle, dass das zu überwindende Geländer lediglich 1,20 Meter hoch ist. Pläne, eine Selbstmörder-Barriere zu errichten, scheitern seit den 1970er-Jahren sowohl an ästhetischen Bedenken als auch an mangelnden Geldmitteln. Die häufigste Phobie unter den Einwohnern San Franciscos ist angeblich Gephyrophobie: die Angst vor Brücken.

■ **Nanjing Yangtze River Bridge, Jiangsu-Provinz, China**
Noch mehr Menschen auf dem Gewissen als die Golden Gate Bridge hat nur diese mehr als 4,5 Kilometer lange Brücke zwischen den ostchinesischen Städten Pukou und Nanjing. Seit sie 1968 fertiggestellt wurde, springt hier jede Woche mindestens ein Mensch in den Tod, allein zwischen 1968 und 2006 waren es an die 2000. Seit er 2004 in der Zeitung von den vielen Todesfällen las, verbringt Chen Si, Mitarbeiter einer Transportfirma, jedes Wochenende am südlichen Turm und hält mit einem Fernglas Ausschau nach Menschen, die ziellos über die Brücke zu gehen scheinen. 40 Minuten jeder Stunde verbringt er am Turm, den Rest der Zeit fährt Chen mit seinem Moped auf dem Fußweg zum anderen Ende der Brücke und zurück. Erspäht er je-

manden, der offenbar plant, zu springen, spricht er mit ihm oder ihr, manchmal wendet Chen auch körperliche Gewalt an, um den Selbstmörder von der Reling zu holen. Mehr als 175 Menschen hat er so bislang retten können. Einige von ihnen kommen jedes Jahr im Winter zurück, um zusammen mit Chen Si ein Fest zu feiern.

- **Göltzschtalbrücke, Sachsen, Deutschland**
  Der 1851 fertiggestellte Ziegelsteinviadukt im sächsischen Vogtland gelangte zu überregionaler Bekanntheit, als sich im August 2001 an einem Samstag kurz vor Mitternacht drei Jugendliche 78 Meter in die Tiefe stürzten. Michael (14), Mike (17) und René (18) stammten aus dem nahen Reichenbach, der älteste und der jüngste hatten sich an den Handgelenken aneinandergeknotet. Man vermutete einen satanistischen Hintergrund, die Clique hatte immer wieder Gläserrücken gespielt. Möglicherweise war der Lebensüberdruss der Jungen aber auch einfach größer als die Perspektive, die sie in der verödeten Kleinstadt für ihr Leben sahen. Seit ihrem Tod zieht die Brücke immer wieder vor allem jugendliche Selbstmörder an; allein bis Herbst 2002 waren es noch fünf weitere.

- **Aokigahara-Wald, Präfektur Yamanashi, Japan**
  Der etwa 35 Quadratmeter große immergrüne Wald am Fuß des Fuji wird auch »Jukai« genannt, »das Meer aus Bäumen«. Während der Wald wohl bis ins 19. Jahrhundert hinein für *ubasute* genutzt wurde, Familien also ihre alten Angehörigen zum Sterben dorthin brachten, ist der Aokigahara

bei Suizidenten aus ganz Japan beliebt, seit der Schriftsteller Seichō Matsumoto die Protagonistin seines 1960 erschienenen Romans »Kuroi Jukai« dort aus Liebeskummer Selbstmord begehen ließ. Der Aokigahara ist so dicht und gleichförmig, dass man schon noch kurzer Zeit die Orientierung verliert und nur schwer gefunden werden kann. Angeblich macht zudem ein Magnetfeld Kompasse und Elektronik unbrauchbar. Seit 1971 durchkämmen Polizei und Feuerwehr den Wald regelmäßig auf der Suche nach Leichen, einem Dokumentarfilm zufolge bezahlen Yakuza, also die japanische Mafia, Obdachlose dafür, dass sie den Verstorbenen ihre Wertsachen abnehmen. Jedes Jahr werden zwischen 50 und 100 Tote gefunden; meist Männer, meist erhängt. Besonders viele im März, am Ende des japanischen Steuerjahres.

Cecil Hotel, Los Angeles, USA

Im Februar 2013 bemerken die Gäste des Hotels in der 640 S. Main Street in Downtown L. A. den stechend scharfen Geruch des Wassers. Schwarz strömt es aus den Hähnen, bevor es schließlich aufklart. Ein Wartungsarbeiter findet in einer der vier Zisternen auf dem Dach die nackte, aufgeblähte und sich bereits zersetzende Leiche der 21-jährigen Elisa Lam. Die letzten Lebenszeichen der kanadischen Studentin, bei der kurz zuvor eine bipolare Störung diagnostiziert wurde, stammen von der Überwachungskamera des Hotels. Sie zeigten Lam, wie sie in den leeren Fahrstuhl steigt und eine ganze Reihe von Etagenhalteknöpfen auf einmal drückt. Sie geht in der Kabine umher und lugt aus ihr heraus, als spiele sie mit sich selbst Verstecken. Nach mehreren Minuten verschwindet sie aus dem Sichtfeld der Kamera, die Tür schließt sich hinter ihr. Bevor Lam gefunden wurde, hatten die anderen Hotelgäste 19 Tage lang im verseuchten Wasser gebadet und sich damit die Zähne geputzt. Der erste Selbstmord im Cecil, das im Dezember 1924 mit seiner Marmorlobby, den Alabasterstatuen und den Topfpalmen seine Türen für Geschäftsreisende und Touristen öffnete, wurde in seinem siebten Jahr verzeichnet. Der 46-jährige W. K. Norton wurde tot in einem der 700 Zimmer aufgefunden, offenbar hatte er Giftkapseln geschluckt. Zahlreiche weitere werden ihm folgen. So checkt im Oktober 1954 die Mitte 50-jährige Helen Gurnee unter dem Namen Margaret Brown in ein Zimmer im siebten Stock ein, von wo sie sich eine Woche später aus dem Fenster wirft. Sie landet auf der Markise des Cecil und stirbt. Acht Jahre später springt Pauline Otton, 27, nach einem Streit mit ihrem Mann Dewey aus dem neunten Stock in die Tiefe. Sie fällt auf den Passanten George Gianinni, 65. Beide sind sofort tot. Der bislang letzte Selbstmörder, ein 28-Jähriger, wird im Juni 2015 auf dem Pflaster vor dem Gebäude gefunden.

Deutschland im Frühling 1945

Das 1949 vom Hauptamt für Statistik herausgegebene Kompendium »Berlin in Zahlen« verzeichnet für das Jahr 1945 insgesamt 7057 Fälle von Selbstmord. Deutlich mehr als die Hälfte davon entfallen allein auf den Monat April. Zum Vergleich: Heute sind es etwa 400 im Jahr.

Nun war es nicht etwa so, dass diese Suizide besonders heimlich verübt wurden. In Zeitungen, Rundfunk und öffentlichen Verlautbarungen wurde regelrecht für Selbstmord geworben. Es wäre zweifellos am besten, sagte ein Sprecher des Propagandaministeriums, wenn die vorrückenden Feinde nur noch tote Deutsche vorfänden. In einer Rundfunkrede beschwor Propagandaminister Goebbels das Beispiel Friedrichs II. herauf, für den nur der Sieg oder aber der Tod gegolten habe. Nachdem die Berliner Philharmoniker am 11. April Wagners »Götterdämmerung« gespielt hatten, das »Konzert für Minister Speer«, sollen am Ausgang der Beethovenhalle Hitlerjungen mit Körben voller Zyankalikapseln gestanden haben, die sie an die Konzertbesucher austeilten. In den letzten Kriegsmonaten war das Selbstmordtabu außer Kraft gesetzt.

Seit dem 25. April 1945 war die 65. Armee der Zweiten Weißrussischen Front von Stettin aus unterwegs durch Vorpommern und Mecklenburg-Strelitz, um deutsches Territorium zu erobern.

In Demmin, einem Ort zwei Stunden nördlich von Berlin,

der vom Krieg nur aus der Zeitung oder dem Rundfunk wusste, waren die Straßen durch Trecks verstopft. Am 29. April räumte die Wehrmacht fluchtartig und kampflos sämtliche Positionen in der von den drei Flüssen Peene, Trubel und Tollense umschlossenen Halbinsel. Damit die Bewohner der Stadt das Heer auf seinem Rückzug nicht behinderten, sperrte und sprengte die SS die nach Westen führenden Brücken. Sie lieferte Demmins Bevölkerung damit schutzlos der von Osten heranrückenden Roten Armee aus. 15 000 Menschen, dazu einige Tausend Kriegsflüchtlinge, saßen in der Falle. Die meisten hissten Tischdecken und Bettlaken als weiße Flaggen und verkrochen sich in den Kellern. Und Hunderte von ihnen kamen der Einnahme der Stadt zuvor.

Der 27-jährige Lothar Büchner, Haupttruppenführer beim Reichsarbeitsdienst, hatte sich erhängt, genau wie seine Frau und deren Schwester, Mutter und Großmutter. Irgendjemand hatte auch dem dreijährigen Sohn des Paares eine Schlinge um den Hals gelegt. Durch Erhängen waren auch der 71-jährige Geschäftsführer der Allgemeinen Ortskrankenkasse Bewersdorff und seine Frau, die erwachsene Tochter und deren beide zwei- und neunjährigen Kinder gestorben, die Frau des Wehrmachtoberleutnants und ihr Kind, die Frau eines Polizeihauptwachtmeisters und deren zwei erwachsene Töchter. Andere erschossen sich. Insgesamt 21 Suizide (inklusive der erweiterten Selbstmorde, in Rahmen derer die Kinder starben) verzeichnen die Sterbebücher des Demminer Standesamtes für den 30. April.

Es war derselbe Tag, an dem sich der Führer und Reichskanzler Adolf Hitler im Führerbunker durch einen Schuss in die Schläfe tötete. Eva Braun, die er am Tag zuvor geheiratet hatte, schluckte eine mit Zyankali gefüllte Messingkapsel, deren Wirksamkeit Hitler zuvor im Garten der Reichskanzlei an seiner Schäferhündin Blondi erprobt hatte. Damit sie dem Gegner auch nicht als Leichen in die Hände fielen, wurden beide, Eva und Adolf Hitler, von Martin Bormann, Hitlers Kammerdiener Heinz Linge, seinem SS-Adjutanten Otto Günsche und Leibwächtern aus dem Führerbegleitkommando noch an Ort und Stelle verbrannt.

Bis zum 3. Mai sollten in Demmin zwischen 500 und 2000 Menschen jedes Alters durch ihre eigene Hand sterben. Oft waren es Eheleute, ganze Familien, mitunter aber auch Alleinstehende, die sich erschossen, vergifteten, erhängten, sich die Pulsadern aufschlitzten oder, das war die am häufigsten gewählte Methode, sich in einem der Flüsse ertränkten, beschwert mit Rucksäcken, in die sie Steine gepackt hatten. »Andere hatten sich aneinander festgeknotet, die Kinder zerrten sie mit sich an den Handgelenken, an Knoten und Schnüren und Seilen. Kleine Babys hielten die Mütter fest umklammert, während sie ins Wasser stiegen«, so Florian Huber, der die erste umfassende Arbeit über die Suizidwelle geschrieben hat, die Deutschland in den letzten Kriegstagen erfasste. Die damalige Medizinstudentin Lotte-Lore Martens war auf der Suche nach ihrem Vater, den sie bei ihrer Flucht aus der Stadt bei Bekannten untergebracht hatte, von wo er mit der Bemerkung verschwunden war, dass er sich umbringen wolle. An der Tollense entlanggehend, notierte sie: »In einer Breite – ähnlich der Bordüre eines Kleides – von ca. 1,5 bis 2 Metern säumten Babywäsche, andere Bekleidungsstücke, insbesondere kostbare Frauenkleider und Pelze, Ausweise, Pässe sowie Geld, viel Geld – niemand bückte sich danach, denn es erschien uns wertlos – die im Frühlingskleid prangenden Auen am Fluss.« Rotarmisten sprangen hinterher und zogen die Leute aus dem Wasser, verbanden ihre Handgelenke oder weckten Frauen und Kinder, die Schlaftabletten geschluckt hatten, und gingen mit ihnen umher. Demmin ist nur ein Beispiel für etwas, was an anderen Orten so oder ähnlich vor sich ging. Heute spricht man von einer Selbstmordepidemie, einer Massenhysterie – einem Sog, dem sich kaum jemand entziehen konnte.

Auch in Berlin wurden die Menschen von der Epidemie erfasst. Und zwar so viele, dass der Pfarrer der Kaiser-Wilhelm-Gedächtniskirche am Kurfürstendamm, Gerhard Jacobi, sich gezwungen sah, seine Gemeinde daran zu erinnern, dass einem Christen die Möglichkeit zum Selbstmord nicht offensteht. Das Mittel der Wahl war Zyankali. Das farblose Kristall Kaliumcyanid, das Kaliumsalz der Blausäure, greift nach dem Verschlucken die Atmungskette des Menschen an, sodass die Zellen den mit der Luft eingeatmeten Sauerstoff nicht mehr verwerten können und es spätestens nach ein paar Minuten zum Erstickungstod kommt, bei vollem Bewusstsein. Bereits seit Anfang 1944 war das Vergiften in Berlin ein gängiges Gesprächsthema, viele Menschen trugen eine kleine, aber tödliche Menge Zyankali in einem Beutel oder Glasröhrchen um den Hals oder in der Handtasche mit sich herum. Nirgends war es so einfach wie in Berlin, an das Gift zu kommen – was für die aktive Unterstützung der NSDAP in der Sache spricht. »Viele der Schätzungen zufolge etwa 10 000 Berliner Frauen, die nach ihrer Vergewaltigung starben, begingen Selbstmord«, schreibt

Florian Huber. »Allein in Friedrichshafen sollen bereits am ersten Tag der sowjetischen Besatzung 100 Selbstmorde geschehen sein. Bis tief in den Sommer und Herbst hinein sahen, hörten und erzählten sich die Berliner Geschichten von Ehepaaren, die sich zwischen Trümmerbrocken erschossen hatten, von Frauen, die aus dem Fenster sprangen, von Vergiftungsopfern, die in Verdunklungspapier gewickelt neben der Straße lagen, von Familien, die an Fensterkreuzen hingen, vom Bankdirektor, der Frau und Tochter mit in den Tod nahm, von toten Parteibonzen und Frauenschaftsführerinnen, vom Schauspieler, der sich mit zwanzig anderen im Bestensee vergiftete.«

Ein Teil der Erklärung, wie es zum größten Massenselbstmord der deutschen Geschichte kommen konnte, liegt in den Ereignissen des 23. Oktober 1944. An diesem Tag eroberte die Wehrmacht noch einmal das ostpreußische Nemmersdorf von der Roten Armee zurück. Diese hatte dort ein Massaker an deutschen Zivilisten verübt, an rund 20 Frauen, Kindern und älteren Menschen. Die Reichspropaganda nutzte die Aufnahmen von aufgereihten Leichen und geplünderten Flüchtlingswagen, um den Deutschen vorzuführen, was sie im Falle einer sowjetischen Invasion erwarten würde.

Statt aber Hass und Widerstandsgeist anzufachen, lösten die Bilder des »Grauens von Nemmersdorf«, die im »Völkischen Beobachter« und den Wochenschauen gezeigt wurden, in der Zivilbevölkerung unhaltbare Angst aus.

Als die Rote Armee zu Beginn des Jahres 1945 ihre Winteroffensive in Richtung Berlin begann, waren die meisten Männer an der Front oder in Gefangenschaft. So litten besonders Frauen und Mädchen unter der Vergeltungswut der Sowjets.

Schätzungsweise zwei Millionen von ihnen wurden in der Endphase des Krieges vergewaltigt. Hinzu kamen Hausdurchsuchungen, Plünderungen, Brandstiftungen. Viele wollten lieber sterben, als so etwas erleben zu müssen. Eine Rolle spielten auch die Schuld und Scham angesichts dessen, was im Krieg und in den KZs geschehen war.

Nirgends kam es zu so vielen Suiziden wie in den östlichen Landesteilen, aber auch weiter im Westen griff die Untergangsstimmung um sich. So registrierten die Behörden in Oberbayern zwischen April und Mai 1945 zehnmal so viele Selbstmorde wie in den Jahren davor.

Und nicht nur unter der Zivilbevölkerung, auch unter hochrangigen Funktionsträgern verbreitete sich die Untergangsstimmung. Im Leipziger Rathaus hatten sich am 19. April der Stadtkämmerer Dr. Ernst Kurt Lisso, seine Frau und ihre gemeinsame Tochter mit Hilfe von Zyanid vergiftet, sie lagen in den Ledermöbeln von Lissos Dienstzimmer. In einem Nachbarraum saß der Oberbürgermeister der Stadt, Alfred Freiberg, mit seiner Frau und der Tochter Magdalena im Kreis, alle tot. Den Volkssturmführer Walter Dönicke fand man vergiftet neben einem zerrissenen Porträt des Führers.

Auch die Parteispitzen, wie der Leiter der NSDAP-Kanzlei Martin Bormann, Reichsführer-SS Heinrich Himmler und Luftwaffen-Oberbefehlshaber Hermann Göring schluckten Zyankali, zahllose Vertreter von SS, Gestapo, Polizei und Justiz starben genauso wie 53 von 554 Generälen des Heeres, 14 der insgesamt 98 Luftwaffengeneräle und 11 von 53 Admirälen.

Deren Perspektiven angesichts der Niederlage entsprachen vielleicht am ehesten dem, was Magda Goebbels in einem

Abschiedsbrief an ihren Sohn aus erster Ehe formulierte: »Unsere herrliche Idee geht zu Grunde – und mit ihr alles *(sic)* was ich Schönes, Bewundernswertes, Edles und Gutes in meinem Leben gekannt habe. Die Welt, die nach dem Führer und dem Nationalsozialismus kommt, ist nicht mehr wert, darin zu leben, und deshalb habe ich auch die Kinder hierher mitgenommen.«

Nach 12 Jahren unter Hitler herrschte ein kollektiver Sinnverlust, nach dessen Logik es, wenn es keinen Sieg geben konnte, nur den selbst herbeigeführten Untergang gab. Eine Demminer Lehrerin schrieb am 1. Mai 1945 in ihr Tagebuch: »Freitote, am Sinn des Lebens irre geworden.«

In den Nachkriegsjahren, in der Phase des Wiederaufbaus, des westdeutschen Wirtschaftswunders und unter dem Einfluss der SED-Geschichtsschreibung sollten diese Geschichten so gut wie vergessen werden.

Fast Selbstmord: drei Siriusfälle
und der Mann, der seinen Penis aß

Im Jahr 1973 – es kann aber auch im darauffolgenden Jahr gewesen sein – lernt die 22-jährige Chefsekretärin Heidrun T. in einer Diskothek in der Nähe von Aalen den vier Jahre älteren Galvanotechniker Fred Detlef G. aus Neumünster kennen. Heidrun ist klein und pummelig, eine komplexbeladene und unselbständige junge Frau. Fred trägt eine Goldrandbrille zu seinen dunkelblonden gewellten Haaren und gibt sich als Heilpraktiker, Privatdozent und Doktor der Psychologie aus. Die beiden freunden sich an, Sex spielt wohl anfangs eine, dann aber keine weitere Rolle. Heidrun und Fred treffen sich in den folgenden Monaten immer wieder, oft telefonieren sie auch miteinander, manchmal stundenlang. Dabei sprechen sie über Psychologie und Philosophie, und im Laufe der Zeit wird Fred Detlef immer wichtiger für Heidrun. Er ist immer für sie da, sie vertraut ihm, er wird ihr Berater in allen Lebensfragen. Sie kennen sich schon ein paar Jahre, als Heidrun Bonn, wo sie bei einer Tageszeitung gearbeitet hat, verlässt und in eine Eigentumswohnung in der Nähe von Baden-Baden zieht, die Fred gehört.

Irgendwann lässt er sie wissen, dass er vom Stern Sirius komme. Die Sirianer seien eine Rasse, die philosophisch auf einer ganz anderen Stufe stehe als die Menschen. Sein Auftrag auf der Erde sei es, wertvolle Menschen wie Heidrun nach dem Zerfall ihrer Körper zu retten, damit sie mit ihrer Seele auf Sirius oder einem anderen Planeten weiterleben könnten. Dazu bedürfe es aber der geistigen und philosophischen Weiterentwicklung. Heidrun glaubt Fred. Er erzählt ihr, die Fähigkeit, nach ihrem Tod auf einem anderen Himmelskörper weiterzuleben, könne sie dadurch erlangen, dass der Mönch Uliko vom Volke der Dogen für sie eine totale Meditation durchführe. Dadurch werde es wiederum ihr möglich, im Schlaf eine geistige Entwicklung mitzumachen, die sie auf eine sehr viel höhere Ebene bringen würde. Dafür müsse sie Ulikos Kloster allerdings 30 000 DM zahlen.

Heidrun nimmt einen Kredit bei der Bank auf. Als sie sich in den folgenden Monaten bei Fred nach den Bemühungen des Mönchs erkundigt, wird sie vertröstet. Dann erklärt Fred ihr, der Mönch habe keinen Erfolg gehabt, weil ihr Bewusstsein eine Sperre gegen die geistige Weiterentwicklung aufbaue. Um diese zu beseitigen, müsse ihr alter Körper beseitigt und ein neuer beschafft werden. Als Heidrun immer noch kein Misstrauen zeigt, erzählt Fred Detlef ihr, in einem roten Raum am Genfer See stehe ein neuer Körper für sie bereit. In ihm würde sie sich als Künstlerin wiederfinden, wenn sie sich denn von ihrer alten Hülle trenne. Allerdings brauche sie auch als Künstlerin Geld. Mit dieser Argumentation bringt Fred sie dazu, eine Lebensversicherung über 250 000 DM abzuschließen, die im Fall von Heidruns Unfalltod 500 000 DM erlösen würde, und ihn unwiderruflich als Bezugsberechtigten einzusetzen. Durch einen vorgetäuschten Unfall und Fred als Überbringer käme sie an das Geld. Der Versicherungsschutz beginnt am 1. Dezember 1979. Heidrun gibt Fred 4000 DM in bar – Geld, das er ihr nach ihrem Erwachen am Genfer See überbringen soll, als Startkapital, bis die Versicherung zahlt.

Der Plan lautet, dass Heidrun bei einem vorgetäuschten Autounfall stirbt. Das scheitert, also reift mit Freds Hilfe in ihr die Idee, einen eingeschalteten Fön ins Badewasser fallen zu lassen. Am 1. Januar 1980 lässt sich die mittlerweile 29-jährige Heidrun in ihrer Wohnung ein Bad ein, arrangiert ein paar Gegenstände so, als sei sie plötzlich aus dem Leben gerissen worden, und setzt sich in die Wanne. Sie schaltet den Haartrockner ein und lässt ihn aus ihrer Hand gleiten. Als das Gerät ins Wasser eintaucht, spürt sie ein Kribbeln. Fred, der sich in einer anderen Stadt befindet und schon mal die 4000 DM durchbringt, ist überrascht, als Heidrun auf seinen Kontrollanruf reagiert und den Hörer abnimmt. In den folgenden drei Stunden gibt er ihr in nahezu einem Dutzend Telefonaten Anweisungen, wie es ihr endlich gelingen kann, aus dem Leben zu scheiden. Irgendwann gibt er entnervt auf.

Es lässt sich heute nicht mehr rekonstruieren, wer G. anzeigte und wie genau es zum Prozess kam. Klar ist, dass darin die Abgrenzung zwischen der straflosen Teilnahme am Suizid und der strafbaren Tötung verhandelt wurde. Heidrun lehnte Selbstmord ab. Sie sagte, der Mensch habe dazu kein Recht. Der Gedanke, dass die Aktionen zu etwas anderem führen würden als zu ihrem Erwachen in einem neuen Körper, kam ihr nicht. Das Landgericht Baden-Baden verurteilte Fred Detlef G. wegen versuchten Mordes, Betrugs sowie vorsätzlicher Körperverletzung. Es spielte dabei keine Rolle, dass Freds Suggestionen, mit denen er Heidrun zur Tatwaffe gegen sich selbst machte, vollkommen unglaubhaft waren. Fred Detlef G. ging für sieben Jahren ins Gefängnis. Seine Revision vor dem Bundesgerichtshof hatte keinen Erfolg. Das Ganze ging als Siriusfall in die deutsche Rechtsgeschichte ein.

Sirius ist mit 1,5 Sonnenradien der größte und hellste Stern am Himmel, 8,7 Lichtjahre entfernt von der Erde. Er ist Teil des Sternbilds Großer Hund – er bildet den Kiefer des Tieres – und ist daher auch als Hundsstern bekannt. Grell bläulich-weiß leuchtend, übt er seit dem alten Ägypten, wo er als Auslöser der Nilflut galt, eine eigenartige Faszination auf die Menschen aus.

Der Komponist Karlheinz Stockhausen behauptete Mitte der 1970er Jahre, die Musik für sein szenisch-musikalisches Avantgardewerk »Sirius« von »der Zentralsonne unseres lokalen Universums« empfangen zu haben. Begonnen hatte Stockhausen mit der Arbeit an dem Stück, nachdem er von der amerikanischen Regierung gebeten worden war, ein repräsentatives Werk für die 200-Jahr-Feier des Landes zu komponieren, die 1976 in Washington stattfand. Zur Inspiration habe er sich an Sirius gewandt. Stockhausen, den die »New York Times« den »allerletzten Romantiker des 19. Jahrhunderts« nannte, zeigte sich auch überzeugt, »daß viele meiner geistigen Werke bereits in einer anderen, höheren Welt existierten«, und: »Ich bin nicht mein Körper. Mein Geist existiert außerhalb des Körpers, der ein Auto ist.«

Dieser »metaphysische Qualm« (»Der Spiegel«) schadete Stockhausens Karriere nicht. Er war nicht besonders weit weg von dem, was Fred Detlef wenige Jahre später der armen Heidrun einreden wird. Oder das, was eine Hamburger Psychologin ihren Anhängern erzählte.

In der Nacht vom 7. auf den 8. Januar 1998 stürmt die Polizei ein Haus am Rande von Santa Cruz, der Hauptstadt Teneriffas. Die Fenster sind blau lackiert, auf dem Balkon blühen Geranien, an der Tür steht:»Doctora Heide«. Bei dem Großeinsatz der kanarischen Polizei werden 14 Frauen, 13 Männer und fünf Kinder vorübergehend in Gewahrsam genommen. In der Nacht hätten sie sich, davon sind die Behörden überzeugt, auf dem mit 3716 Metern höchsten Berg der Insel mit Gift das Leben nehmen wollen. Auf den Flaschen, die im Haus gefunden wurden, steht»Diätprodukt auf Kräuterbasis«.

Ein paar Tage zuvor hatte die Gruppe auf der Dachterrasse Silvester gefeiert, zu den Klängen des Sommerhits des Jahres 1995:»Macarena«. Führerin der mit ihren weißen Tuniken hippiesk aussehenden Sekte ist Heide Fittkau-Garthe. Sie betreibt auf Teneriffa das»Trainingszentrum zur Freisetzung der Atma-Energie«. Die 56-jährige Fittkau-Garthe nennt ihre Truppe»Weltuniversität«. Sich selbst nennt sie»Gott Shiv Baba«, steht am liebsten nackt in der Küche und fasst den ebenfalls nackten Männern beim Morgengruß mit einer Hand an die Hoden und mit der anderen an die Stirn. Einer Frau, die in diesen Tagen von Deutschland aus anruft, sagt man:»Wir befinden uns in der Hölle, aber bald werden wir im Himmel sein.« Die Hölle, damit war mutmaßlich nicht»Heides Liebesring« gemeint, Massenorgien im Haus, während deren auch Kinder missbraucht wurden. Der Himmel, das war in diesem Fall Sirius, das Ziel der Reise. Ein Raumschiff würde sie dahin bringen.

Heide Fittkau-Garthe gehört noch Mitte der 70er Jahre zur Hamburger High Society: weiße Stadtvilla und Segelschein. Ihr Mann Bernd ist Psychologieprofessor an der Universität Göttingen, sie ist schon mit 26 in Psychologie promoviert und bietet nun Managementtrainings für Firmen an. Wenn die Bosse deutscher Konzerne weinend vor ihr auf dem Boden knien und sie fragen, was mit ihnen passiere, antwortet sie nur: »Das war der Gottesbeweis.« Als Bernd sich von ihr trennt und mit einer jüngeren Frau zusammenzieht, verliert sich Heide immer mehr im Spiritismus. Indienreisen, die Entdeckung der Lehren der hinduistisch inspirierten Wiedererweckungsbewegung »Brahma Kumaris«, die Stadtvilla mit weißen Möbeln wird zum Meditationszentrum. Die Sitzungen lässt sich Fittkau-Garthe von ihren Anhängern gut bezahlen. Als sie gegen das Zölibatsgelübde von Brahma Kumaris verstößt, wird sie ausgeschlossen und entwickelt ihren eigenen, einen hanseatischen Brahmantismus, der vor allem auf ihren Suggestionen und Schuldzuweisungen basiert. Sie lässt sich abwechselnd »Mami« und »Baba« nennen – Papa.

Zu einer Nachbarin hatte Fittkau-Garthe einmal gesagt, sie sei »eine Vertreterin von ganz oben«. Jemand anderem vertraute sie an, was ihr beim Bergsteigen in Tibet klar geworden sei: »Ich war Christus.« Bevor sie Mitte Dezember nach Teneriffa aufgebrochen war, hatte sie den Nachbarn aufgetragen, ihre Blumen zu gießen und ab und zu die Wohnung zu lüften. Und sie hatte gesagt: »Die Welt wird schön am 8. Januar.« Der besorgte Bruder eines 55-jährigen Düsseldorfer Sektenmitglieds hatte drei rheinländische Polizeistationen abgeklappert, ehe man seinen Geschichten von der Sirius-Sekte geglaubt und die spanischen Kollegen informiert hatte. Das Verfahren gegen Fittkau-Garthe wurde 1999 eingestellt, trotz mehrerer Liter Gift und 50 000 Seiten mit psychologischen Profilen ihrer

Sektenmitglieder, trotz des Verdachts, sie habe auf ihrer Finca dem sexuellen Missbrauch von Kindern Vorschub geleistet. Heute lebt Heide Fittkau-Garthe wieder auf Teneriffa. Sie hat 855 Facebook-Freunde.

Anfang der nuller Jahre beschäftigte ein anderer Fall im Grenzbereich des Strafrechts das Gericht in Frankfurt am Main: der Tod von Bernd Jürgen Armando Brandes. Bernd ist fünf Jahre alt, als seine Mutter 1963 im Familienurlaub auf Sylt ihr Auto gegen einen Baum fährt. Ihr Mann, Bernds Vater, glaubt nicht an einen Unfall. Die Mutter habe als Anästhesistin im Krankenhaus einen Kunstfehler und damit den Tod eines Patienten zu verantworten gehabt. Aus Scham darüber habe sie sich das Leben genommen. Mit seinem Sohn spricht der Vater nicht über die verstorbene Mutter; Bernd muss denken, er habe etwas mit ihrem Verschwinden zu tun. Das fällt zusammen mit der Zeit, in der Bernd beginnt, sich für seine Männlichkeit und die Bedeutung seiner Genitalien zu interessieren. Möglicherweise erschienen ihm am eigenen Körper erfahrenes Leid und seine totale Vernichtung als einziger Weg, den Tod der Mutter zu sühnen. Bernd beginnt davon zu träumen, gebraten und gegessen zu werden.

Brandes ist laut Freunden und Kollegen ein umgänglicher, verantwortungsbewusster und freundlicher Mensch, an dem einzig das unterkühlte Verhältnis zum Vater auffällt. Er studiert Elektrotechnik und wird Abteilungsleiter bei Siemens in Berlin, hat gute Beziehungen zu Frauen. Nachdem die letzte beendet ist, erzählt er seiner Exfreundin, dass er sich in einen Mann verliebt habe, und seinen Kollegen gegenüber, dass er bisexuell sei. Brandes geht mittlerweile zu den Strichern am

Bahnhof Zoo, die er dafür bezahlt, dass sie ihm in den Penis und die Hoden beißen. So sehr, bis die Schmerzen unerträglich werden. Zu einem sagt er: »Schneid ihn an, du kannst dafür haben, was du willst.« In Kannibalenforen im Internet wie »Verspeist«, »Gourmet« oder »Cannibal-Café« nennt er sich »Cator, der als Fleisch Geborene«. Anfang Februar 2001 trifft der 43-Jährige dort auf »Franky«. Der heißt eigentlich Armin und hat bereits zu 430 anderen Männern Kontakt aufgenommen. Aber keiner von ihnen meint es ernst, wenn sie auf seine Anzeige antworten: »Suche jungen, gut gebauten Mann, der sich von mir gerne fressen lassen würde.«

Armins Mutter Waltraud hat drei Kinder von drei Männern bekommen. Armin, »Minchen«, ist der Jüngste. Als er acht Jahre alt ist, verschwindet erst der Bruder, der zum Studieren nach Berlin geht. Dann trennt sich der Vater von seiner Frau. Dann geht auch der andere Bruder nach Berlin. Die Mutter demütigt den zurückgebliebenen Armin und formt ihn zu einem Menschen ohne eigene Identität, der immer allen gefallen will. Während sie auf dem Sofa sitzt, muss er die Wohnung putzen, Wäsche waschen, den Müll runterbringen. Bei den Nachbarn in Essen-Holsterhausen erlebt er Hausschlachtungen mit und hilft, Schweine, Enten, Hühner, Gänse, ein Reh und ein Wildschwein auszunehmen. Nachts, wenn er allein im Bett liegt, spricht er zu einem imaginären jüngeren Bruder, den er Frank nennt. Er wird seine Vertrauensperson, jemand, der still zuhört.

Mit 12 phantasiert Armin das erste Mal davon, einen Klassenkameraden zu zerstückeln und zu verspeisen. So würde der ihn nie wieder verlassen. Noch als Erwachsenen kommandiert ihn die Mutter vor den Augen anderer herum, auf Reisen schlafen sie zusammen in Doppelzimmern, einen Teil seines Verdienstes als Computertechniker im Außendienst gibt der extrem höfliche, ruhige, etwas naiv wirkende Armin an Waltraud ab. Eine ernsthafte romantische Beziehung wird er nie haben, bei Besuchen im Puff schläft er am Tresen ein. Als die Mutter 1999 stirbt, gibt sich Armin seinen Kannibalismusphantasien hin. Er ist 37 und lebt weiter in dem Gutshaus mit 44 Zimmern im hessischen Rotenburg, das seine Mutter 20 Jahre zuvor mit ihm bezogen hat. Unter seinem Pseudonym »Franky« schreibt er eine Kurzgeschichte. In »Der Strichjunge« heißt es: »Der Stricher sagte: Ich habe Dich und will auch nur Dich, lass mich ein Teil von Dir werden. Ich sagte: Das geht nicht, es sei denn, ich esse Dich auf. Er sagte: Dann schlachte mich, außer Dir interessiert sich sowieso keiner für mich. Ich entgegnete: Aber ich liebe Dich doch! Er sagte: Gerade deshalb musst Du es machen, oder ich bringe mich um.« Armin liest Bücher, die von Kannibalen handeln, schneidet Fotos von Körperteilen aus Katalogen aus und legt sie auf einen selbstgezeichneten Grill, er formt einen Penis aus Schweinefleisch und legt seinen daneben.

Bernd passt sein Alter dem Gesuch von Armin an, der junge Männer zwischen 18 und 30 sucht, und schreibt: »Ich bin 36 Jahre, 175 cm und 72 kg schwer. Ich hoffe, Du meinst es wirklich ernst, weil ich es wirklich will.« Gut einen Monat später nimmt Bernd einen Tag Urlaub, von dem er seinem Lebensgefährten nichts sagt, löscht alle verräterischen Daten von seinem Computer und kauft mit Bargeld eine Fahrkarte nach Kassel. Er will bei vollem Bewusstsein verstümmelt und getötet werden und nur keine Spur hinterlassen. Armin holt ihn am Bahnhof ab. Die beiden haben Sex, aber weil Armin ihn nicht fest genug beißen kann und auch der Plan scheitert, Bernd mit einer Flasche des Erkältungssaftes Wick Medinait zum Einschlafen zu bringen, um es Armin einfacher zu machen, will Bernd wieder abreisen. Armin fährt ihn zurück zum Bahnhof, wo Bernd es sich doch noch einmal anders überlegt. Die beiden kaufen noch eine Flasche Wick Medinait und eine Packung Schlaftabletten. Dazu trinkt Bernd eine halbe Flasche Korn. Im Schlachtraum, den Armin im zweiten Stock des Hauses eingerichtet hat, schneidet er Bernd mit einem Schlachtmesser den Penis ab und verbindet dessen Wunde so, dass er nicht zu schnell verblutet. Armin teilt und brät den Penis, sodass sie ihn beide essen können. Aber die Stücke schrumpfen in der Pfanne, verkohlen und werden ungenießbar. Bernd ist davon unbeeindruckt und bester Laune. Er schlägt vor, sich später seine Hoden zu teilen. Neun Stunden dauert es, bis Bernd in Ohnmacht fällt. Vorher nimmt er Armin das Versprechen ab, ihn ganz aufzuessen und auch seinen Schädel und seine Zähne zu zermahlen. Armin scheut sich, ihn zu töten. Am liebsten wäre es ihm gewesen, Bernd hätte sich aus dem Fenster gestürzt oder erhängt. Er küsst ihn und sticht ihm mit dem Küchenmesser in den Hals. Für ihn ist ein Lebenstraum in Erfüllung gegangen. Es ist, als habe er Bernd geheiratet oder als seien sie gar auf übersinnliche Art und Weise verschmolzen. 20 Kilo verleibt er sich von Bernd ein und kommt ihm mit jedem Bissen ein Stück näher, bevor er gut anderthalb Jahre später festgenommen wird. Im Netz hatte er nach weiteren jungen Männern zum Schlachten gesucht. Der Polizei sagt er, seit sein Freund in ihm sei, fühle er sich nicht mehr so allein. Seine innere Leere sei wie weggeblasen. Außerdem könne er auf einmal viel besser Englisch sprechen, so wie Bernd zu Lebzeiten.

Ein als Sachverständiger vor das Gericht berufener Sexualwissenschaftler attestiert beiden eine schwere seelische Abartigkeit und dass beide nicht an der Freiwilligkeit des anderen zweifelten. Jeder habe den anderen für seine eigenen Phantasien instrumentalisiert. Die Staatsanwaltschaft beantragt eine lebenslange Freiheitsstrafe wegen Mordes, was das Kassler Gericht verwarf, da es für Kannibalismus keinen Strafparagraphen gebe und es zudem unüblich für das Opfer sei, sich freiwillig anzubieten. Es diskutiert die straflose Beihilfe zur Selbsttötung. Die Verteidigung plädierte auf Tötung auf Verlangen, was abgewiesen wird, weil Bernd Brandes als testierunfähig galt und wegen seiner Persönlichkeitsstruktur nicht in der Lage war, verantwortlich über seinen Tod zu entscheiden. Armin Meiwes bekommt 2004 achteinhalb Jahre Haft wegen Totschlags. Im April 2005 hebt der Bundesgerichtshof das Urteil auf; im Revisionsprozess wird Meiwes dann zu einer lebenslangen Haftstrafe wegen Mordes und Störung der Totenruhe verurteilt. 2017 wird er voraussichtlich freikommen. Er plant, eine neue Identität anzunehmen.

In seinem Schlusswort vor Gericht hatte er gesagt, dass er das, was er getan habe, nun nicht mehr brauche. Er bleibe aber bei seiner Auffassung: »Jeder kann über sein Leben und seinen Körper selbst bestimmen.«

Die Tode der anderen –
Selbstmord in der DDR

Der Film »Das Leben der Anderen« spielt im Jahr 1984 in der DDR. Er erzählt von dem fiktiven Theaterschriftsteller Georg Dreymann und seiner Lebensgefährtin, der Schauspielerin Christa-Maria Sieland. Auf dem Dachboden ihrer gemeinsamen Berliner Wohnung hockt ein Hauptmann des DDR-Geheimdienstes namens Gerd Wiesler, der sie im Rahmen eines sogenannten Operativen Vorgangs ausspioniert (und unterdessen zum »guten Menschen« reift und Dreymann später das Leben retten wird). Als sich Dreymanns Freund, der mit einem Berufsverbot belegte Regisseur Albert Jerska, erhängt, beginnt der bis dahin linientreue und als Staatsschriftsteller gefeierte Dreymann, einen Artikel über die außergewöhnlich hohe, von den Behörden nicht veröffentlichte Selbstmordrate der DDR zu schreiben. Nachdem der Text anonym im BRD-Nachrichtenmagazin »Der Spiegel« erschienen ist, wird Christa-Maria Sieland von der Stasi verhört und dermaßen unter Druck gesetzt, dass sie Dreymann als Urheber verrät. Sie läuft auf die Straße hinaus und wird von einem Auto überfahren.

»Es gibt nur ein Land in Europa, das mehr Leute in den Selbstmord treibt: Ungarn«, schreibt Dreymann in seinem Artikel. Die DDR-Selbstmordstatistiken wurden durch eine Auswertung der Befunde von Leichenschauärzten, Gerichtsmedizinern und kriminalpolizeilichen Untersuchungen zwar von der Staatlichen Zentralverwaltung für Statistik (SZS) erhoben. Im Vergleich zum Kriegsende waren die Raten zunächst um etwa 25 Prozent gesunken. Man war der Meinung, dass das ein Erfolg des sozialistischen Aufbaus sei. Ab 1963 aber wurde klar, dass die Suizidrate infolge der Zwangskollektivierung und des Mauerbaus tatsächlich angestiegen war, und das Politbüro der Sozialistischen Einheitspartei (SED) veröffentlichte die Zahlen nicht mehr. Und so wussten in der DDR nur sehr wenige Menschen, wie viele Selbstmorde es jedes Jahr tatsächlich gab.

Offiziell wollte man Berichten westlicher Medien über Suizide von DDR-Bürgern aus Verzweiflung über den Mauerbau die Grundlage entziehen. In Wirklichkeit jedoch mussten die hohen Raten die SED vor Probleme stellen, war doch der »historische Optimismus« ein Kern der Weltanschauung und die sozialistische Gesellschaft das Ideal. Alle Konflikte galten als lösbar, Selbstmord wurde als Ausdruck bürgerlicher Dekadenz und eines fehlgeleiteten Individualismus verstanden oder, wie der Dresdner Philosoph Detlef Belau schrieb: »als Makel in einer ansonsten gesunden Gesellschaft«. Und so setzte die SED alles daran, die Zahlen geheim zu halten. Sie wurden nicht mehr im Statistischen Jahrbuch veröffentlicht und auch nicht mehr an die Weltgesundheitsorganisation gemeldet.

Heute ist klar: In den vier Jahrzehnten, die die DDR existierte, starben jedes Jahr anderthalbmal mehr Menschen durch Suizid als zur gleichen Zeit in der Bundesrepublik. Unter den Rentnern lag die Rate sogar 2,15-mal höher. Jedes Jahr brachten sich also 5000 bis 6000 DDR-Bürger um. Warum so viele?

Es liegt nahe, die hohe Rate in direkten Zusammenhang mit dem repressiven politischen System zu bringen – und »Das

Leben der Anderen« tut das ganz direkt: Georg Dreymann klagt in seiner Trauerrede auf seinen Freund Jerska die DDR-Autoritäten an, die Suizide kaltherzig zu ignorieren. Die Reisebeschränkungen durch die Mauer, das Misstrauen, das die Staatssicherheit erzeugte, ideologische Bevormundung und Justizwillkür, die Unterdrückung Andersdenkender sind anscheinend hinreichende Gründe, um am Leben zu verzweifeln und in den Tod zu gehen. Der Film stützt diese Interpretation und lässt die Suizide der beiden Künstler als Spitze eines Eisbergs erscheinen. Gleichzeitig fehlten in der DDR einige der Faktoren, die im Allgemeinen als suizidbegünstigend gelten: So war der ökonomische Druck gering, es gab praktisch keine Arbeitslosigkeit, und der Zusammenhalt der Menschen untereinander war groß.

Der Leipziger Historiker Udo Grashoff hat umfangreiche Forschungen zum Thema Suizid in der DDR angestellt und den Film »Das Leben der Anderen«, der das Bild der DDR-Diktatur weltweit entscheidend geprägt hat, am Rande historisch beraten. Er sagt: Die Wahrheit war komplizierter als das, was der Film zeigt. Für seine als Buch publizierte Doktorarbeit »In einem Anfall von Depression ... – Selbsttötungen in der DDR« hat Grashoff zahlreiche Einzelfälle untersucht, Interviews geführt sowie Hunderte Stasi- und Polizeiakten und Abschiedsbriefe gelesen.

August 1976

Der als unkonventionell geltende evangelische Pfarrer Oskar Brüsewitz kämpft in Rippicha im Kreis Zeitz schon jahrelang mit symbolhaften Aktionen gegen die Benachteiligung von

Christen und die von der SED forcierte Säkularisierung in der DDR. Brüsewitz fühlt sich durch den mangelnden Erfolg seiner Bestrebungen entmutigt und soll innerhalb der Kirche versetzt werden – auch eine Ausreise hat man ihm nahegelegt –, dazu kommt, dass es ihm gesundheitlich zusehends schlecht geht. Am 18. August, einem Mittwochvormittag, fährt er mit dem Auto in die Kreisstadt Zeitz, unterwegs ruft er einem ihn überholenden Mopedfahrer ein »Halleluja« zu. Brüsewitz baut im Stadtzentrum zwei Spruchtafeln auf, Passanten bleiben neugierig stehen, Verkäufer kommen aus ihren Geschäften, auch ein Volkspolizist ist zugegen. Der Pfarrer holt einen Kanister aus dem Kofferraum, übergießt sich mit Benzin und zündet sich an. Ein Busfahrer kommt ihm zu Hilfe, Brüsewitz überlebt zunächst. Drei Tage später stirbt er an den Folgen seiner Brandverletzungen. Die klaren Kommentare, die er auf der zweigeteilten Tafel hinterlässt, machen es der SED unmöglich, seinen Tod als Wahnsinnstat eines Verrückten abzutun. Dort steht: »Funkspruch an alle ... Die Kirche in der D. D. R. klagt den Kommunismus an! wegen Unterdrückung in Schulen an Kindern und Jugendlichen«. Zwar wurde das Transparent umgehend vom MfS entfernt, aber die Menschen verstehen die Protestaktion dennoch als solche.

Nach Brüsewitz' Tod entbrennt zwischen der bundesdeutschen Boulevardpresse und dem SED-Zentralorgan, der Tageszeitung »Neues Deutschland«, eine Art Wettstreit über die Berichterstattung über die Suizide im jeweils anderen Land, im anderen System. Noch Ende Oktober, als das Interesse in der BRD an dem Fall schon abgeebbt ist, druckt das »ND« jede noch so kleine Agenturmeldung über Selbstmorde in der BRD.

Dabei handelt es sich teilweise – bittere Ironie – um Nach-ahmersuizide von Menschen, die von Brüsewitz' Tat angeregt wurden und sich ebenfalls verbrennen. Auf beiden Seiten der Mauer.

Brüsewitz' Tod zieht eine ganze Kaskade weiterer Aktionen nach sich: Schüler fordern Diskussionen über die Hintergrün-de der Tat, Ausreisewillige nehmen auf Brüsewitz' Grab »Ein-pflanzungen« vor und legen eine Karte daneben, auf der steht: »Auch für uns gestorben«. Er wird teilweise zum Märtyrer sti-lisiert. Nachdem im »Neuen Deutschland« ein verunglimpfen-der Kommentar erscheint, gehen in der Redaktion 56 Protest-briefe von Einzelpersonen oder christlichen Gruppen ein.

Für die SED-Führung stellt Brüsewitz' Selbstverbrennung einen »der größten konterrevolutionären Akte gegen die DDR« dar, sie machte die Selbstverbrennung zu einer Methode des politischen Protestes.

Juni 1986

Der im amerikanischen Bundesstaat Colorado auf einer Hüh-nerfarm aufgewachsene Sänger, Schauspieler, Regisseur und bekennende Sozialist Dean Reed (seine älteste Tochter Ramo-na trägt den zweiten Vornamen »Guevara«) war nach einer steilen Karriere in Südamerika und der Sowjetunion 1972 nach Ostberlin übergesiedelt und zum Lieblingsamerikaner der DDR geworden. Er spielt Konzerte und in DEFA-Filmen, tritt in der Sendung »Ein Kessel Buntes« auf, wird von Erich Hone-cker beklatscht und für die DDR-Propaganda für die DDR be-nutzt. Er reist ins sozialistische Ausland, unterstützt den chi-lenischen Präsidentschaftskandidaten Salvador Allende und

Jassir Arafats Palästinensische Befreiungsorganisation PLO im Libanon. Nach einigen Jahren sinkt der Stern des »Roten Elvis«. Seine Westernparodie »Sing, Cowboy, sing« wird verrissen, Reed droht in die Bedeutungslosigkeit abzurutschen. 1982 vergleicht er die DDR laut einem Bericht der Stasi mit einem faschistischen Staat und sagt, dass er »es bis obenhin satt« habe. Zwei Jahre später wiederum erklärt er gegenüber dem Westberliner Tagesspiegel, wichtiger als die Reisefreiheit sei ihm, dass es in der DDR keine Arbeitslosigkeit gebe, »Prioritäten, mit denen ich mich als Marxist identifiziere«.

Reed ist immer öfter niedergeschlagen und telefoniert lange mit Freunden in Amerika. Er möchte zurückgehen, will aber seine dritte Frau, die Filmschauspielerin Renate Blume, nicht zurücklassen. 1986, da ist er 47 Jahre alt, schneidet er sich nach einem Streit mit ihr die Pulsadern auf, sie verlacht seine halbherzigen Versuche, sich umzubringen. Am nächsten Tag und nach einem erneuten Streit fährt er mit dem Auto zu einem Freund in Richtung Königs Wusterhausen, hält unterwegs an, da hat er mit seinem Wagen schon einen Baum gerammt, und schreibt in großen, krakeligen Buchstaben einen langen Abschiedsbrief auf die Rückseite eines Filmscripts. Dann nimmt er das Abschleppseil aus dem Kofferraum, wahrscheinlich, um sich zu erhängen, entscheidet sich aber, in den Zeuthener See zu gehen. Der als guter Schwimmer bekannte Reed ertrinkt, auch weil er zuvor eine toxische Menge des Beruhigungsmittels Radedorm geschluckt hat. Offiziell wird sein Tod von Erich Honecker als »tragischer Unglücksfall« deklariert, um Reeds Frau »die Enttäuschung zu ersparen« – was die Spekulationen erst so richtig anheizt. Seine Managerin und andere aus seinem Umfeld äußern den Verdacht, es könne sich um einen Mord gehandelt haben. Im Westen wird verbreitet, Reeds Leiche sei mit einem Strick um den Hals in seinem Auto gefunden worden. Ein Korrespondent der Nachrichtenagentur AP nennt Reeds Tod den »zumindest im Westen aufsehenerregendsten Kriminalfall der DDR«. Es wird spekuliert, dass er für westliche Geheimdienste gearbeitet habe und/oder vom KGB ermordet worden sei, weil er sich mit Rückkehrplänen in die USA getragen habe. Erst nach dem Fall der Mauer wird Reeds 15-seitiger Abschiedsbrief veröffentlicht, der die Gerüchte zerstreut.

Frühling 1988

In Stendal im Bezirk Magdeburg finden sich fünf Familien zu einer Gruppe zusammen, um gemeinsam für ihre Ausreise aus der DDR zu kämpfen. Darunter ist Familie Kersten, sie hat schon vier Jahre zuvor einen Ausreiseantrag in den Westen gestellt, der aber nicht bearbeitet wurde. Stattdessen hat man das Ehepaar zu Staatsfeinden erklärt. Karin Kersten war vor dem Antrag Sekretärin beim Rat des Kreises, jetzt arbeitet sie halbtags als Verkäuferin in einer Drogerie. Lutz Kersten ist Bauarbeiter. Eines Morgens im April 1988 werden die beiden von der Stasi verhaftet und zu drei Jahren und zwei Monaten Haft verurteilt, wegen der Planung einer Demonstration und der Kontaktaufnahme zu BRD-Politikern. In der Stendaler Gruppe muss es einen Spitzel gegeben haben. Die Kinder der Kerstens, Jessica, 12, und Mandy, 6, kommen in ein Heim. Lutz Kersten wird ins Gefängnis Brandenburg gesperrt, Karin Kersten ins gefürchtete Frauenzuchthaus Hoheneck im Erzgebirge.

Dort wird sie mit Schwerverbrecherinnen konfrontiert, die sie beschimpfen und bespucken; sie erleidet einen Nervenzusammenbruch. Wie sich später herausstellen wird, lösen die Haft und die starken Psychopharmaka, die ihr verabreicht werden, bei ihr eine depressiv paranoide Psychose aus.

Ein halbes Jahr nach seiner Verhaftung wird das Paar von der Bundesregierung freigekauft*. Die Kinder sind inzwischen bei ihrer Oma. Lutz und Karin Kersten treffen sich im November 1988 in der Abschiebehaft in Karl-Marx-Stadt wieder, da erscheint sie ihm wie weggetreten. Karin macht sich Vorwürfe, sie habe »alles falsch gemacht« und »ihr Land verraten«, sie befürchtet, ihre Kinder nie wiederzusehen. Als die Kerstens endlich in der Bundesrepublik an- und in Baden-Württemberg im Hotel von Verwandten unterkommen, diagnostiziert ein Arzt Karin Kersten eine »schwere reaktive Depression«, die nur ein Wiedersehen mit den Kindern heilen könne.

Kurz vor Weihnachten sieht es so aus, als könnten die Kinder aus Stendal mit Hilfe ihrer Großmutter in die BRD ausreisen. Dann aber verzögert sich die Abreise, der Termin wird mehrmals verschoben. Das Weihnachtsfest verbringen die Eltern allein. Am zweiten Feiertag geht Karin Kersten gegen 22 Uhr in den dritten Stock des Hotels, springt dort aus dem Fenster und stirbt. Vier Tage später treffen ihre Kinder in der Bundesrepublik ein.

Diese drei Fälle sind sicherlich nicht typisch für das Suizidgeschehen in der DDR, aber sie illustrieren das politisch-ge-

---

* Wie übrigens insgesamt 33 750 politische Häftlinge der DDR. Ende der 1970er stellten jedes Jahr 8000 DDR-Bürger einen Ausreiseantrag.

sellschaftlich Klima, in dem sie stattfanden. Die Suizide von Oskar Brüsewitz und Dean Reed gehörten außerdem zu den in der Öffentlichkeit am heftigsten diskutierten in der Geschichte des Landes.

Die Suizidraten waren in der DDR nicht stabil, sondern schwankten leicht. So ereignete sich zum Kriegsende im April und Mai 1945 hin in den von der Roten Armee befreiten Gebieten Deutschlands eine regelrechte Selbsttötungsepidemie (siehe Seite 28). Anfang der 1960er Jahre stieg die Rate dann um fast zehn Prozent an, was eine Folge sowohl der Zwangskollektivierung im Frühjahr 1960 als auch des Mauerbaus im August 1961 war. Einen Knick nach unten machte die Kurve dann um 1968, wofür sowohl der Prager Frühling als auch die Einführung einer neuen Klassifizierung in der Statistik verantwortlich gemacht werden.

1976, also in dem Jahr, in dem sich Pfarrer Oskar Brüsewitz verbrannte, erreichte der Wert einen Höchststand seit Bestehen der DDR. In der BRD war er, mitten im Deutschen Herbst, etwa zur selben Zeit ebenfalls sehr hoch, ebenso in anderen Regionen Europas.

Im letzten Jahrzehnt der DDR sank die Suizidrate bei den Männern um 13, bei den Frauen sogar um 26 Prozent – was aufgrund der geheim gehaltenen Statistiken allerdings niemand bemerkte. Im Revolutionsjahr 1989 wurde die niedrigste Selbsttötungsrate seit dem Bestehen der DDR registriert. Der Wert galt allerdings nicht für die Teile der Bevölkerung, die ranghohe SED-Funktionäre gewesen waren.

Nach der Wende, genauer 1991, brachten sich in den neuen Bundesländern überdurchschnittlich viele Männer zwischen

45 und 65 Jahren um. Allerdings liegt die Rate mit zehn Prozent nicht über den Größenordnungen der Schwankungen zu DDR-Zeiten.

Erstaunlicherweise wirkten sich einschneidende politische Ereignisse wie der Volksaufstand am 17. Juni 1953 nicht statistisch auf die Selbstmordstatistik aus, dabei ist bekannt, dass sich nach der Niederschlagung des Aufstandes verhaftete Demonstranten in Untersuchungshaft das Leben nahmen. Ähnliches ist aber aus der NS-Zeit bekannt: Weder die nationalsozialistische »Machtergreifung« noch die Errichtung des Konzentrationslagersystems im Jahr 1933 beeinflussten die Suizidrate. Die Pogrome in der »Reichskristallnacht« sowie die Deportationen zogen dagegen massenhaft Selbstmorde in der jüdischen Bevölkerung nach sich.

Aus juristischer Perspektive wurde der Suizid in der DDR nicht verurteilt, sondern galt als »moralisch wertfrei«. Die sozialistische Pflichtethik verlangte allerdings, dass der Mensch weiterlebte – oder wie eine Schülerin in einer thüringischen Kleinstadt im September 1989 an die Tafel ihrer Schule schrieb: »Sich zu Tode arbeiten ist im Sozialismus die einzig anerkannte Art des Selbstmords.«

In der SED selbst wurden Suizide zwar mit Enttäuschung aufgenommen, stießen aber generell nicht auf moralische Ablehnung. Und selbst wenn, dann fiel die finanzielle Unterstützung der Hinterbliebenen großzügig aus.

Suizid war in der DDR, also genau wie in der BRD auch, nicht strafbar. Genauer gesagt gehörten beide Länder Mitte der 70er Jahre zu den sieben europäischen Staaten, in denen Selbsttötungen in den Strafgesetzbüchern gar nicht erwähnt wurden. Gleichwohl wurden in der DDR Suiziddrohungen mit Hilfe von Paragraph 214 des Strafgesetzbuches geahndet. Der bezog sich auf das eigentümliche Delikt »Beeinträchtigung der Tätigkeit staatlicher Organe« und bestrafte »Nachteile aller Art«, die geeignet waren, »die geordnete staatliche Tätigkeit – auch die des einzelnen Mitarbeiters des Staatsapparates – zu beeinträchtigen«. Aus Sicht der SED-Justiz war das der Fall, wenn jemand einen Suizid ankündigte. Als sich nach Oskar Brüsewitz' Tod die Drohungen von Menschen häuften, die nach einem erfolglosen Ausreiseantrag androhten, sich selbst zu verbrennen, wurden diese verhaftet und mit mehrmonatigen Haftstrafen belegt. Der Umgang mit solchen Ankündigungen änderte sich erst gegen Ende der DDR wieder.

Von Seiten der Partei wurden Suizide vor allem als Störungen des politisch-moralischen Zustands der Parteigruppe thematisiert. »Dahinter standen nicht selten jene archaischen menschlichen Urängste vor unheilvollen Wirkungen von Selbsttötungen auf den sozialen Zusammenhalt, die für das allgemeine Suizidtabu charakteristisch sind«, so Grashoff. Das Verschweigen von Selbstmorden war daher scheinbar oft der einfachste Weg, unbequeme Fragen zu vermeiden.

Udo Grashoff hat alle relevanten Bevölkerungsgruppen und Mikromilieus der DDR einzeln untersucht und kommt zu teils überraschenden Ergebnissen.

Trotz einer im Vergleich zur BRD niedrigeren Kriminalitätsrate war die Zahl der Inhaftierten in der DDR mehr als doppelt so hoch. Schätzungen zufolge waren 10 bis 20 Prozent davon politische Gefangene.

Im DDR-Strafvollzug galt die Richtlinie, Selbsttötungen

»unter allen Umständen und mit allen Mitteln zu verhindern«. Auch weil dem Wachpersonal im Fall von suizidalen Handlungen Disziplinarstrafen drohten, wurde die Maßgabe so rigide umgesetzt, dass Gefangene die Suizidprävention zuweilen mit Strafe verwechseln konnten: In manchen Fällen wurden sie in ihren Zellen alle fünf bis zehn Minuten kontrolliert, das Licht blieb über Nacht eingeschaltet, »Fesselungsjacken« wurden eingesetzt und eine Schlafhaltung angeordnet, bei der die Hände auf der Decke zu liegen hatten. Aber auch die Unterbringung in Gemeinschaftszellen statt in Isolierhaft, wie es im Westen öfter praktiziert wurde, verhinderte Suizide.

Im Unterschied zu den Gefängnissen des Ministeriums des Innern (MdI), das für die Volkspolizei und die Kampftruppen zuständig war, war die Bewachung in denen des Ministeriums für Staatssicherheit (MfS) noch einmal intensiver. Das bestärkte bei den Gefangenen das Gefühl, auch noch der letzten Freiheit beraubt worden zu sein – der, sich das Leben nehmen zu können. Der gefangene »Klassenfeind« sollte korrekt, aber wie ein Gegenstand behandelt werden, »der zwar gepflegt werden muß, aber außerordentlich gefährlich ist«.

Durch die strikte Überwachung war die Selbsttötungsrate im Vergleich zu BRD-Gefängnissen sehr niedrig, in den 1970er und 1980er Jahren lag sie in bundesdeutschen Anstalten um mehr als das Dreifache höher. Die Zahl der *versuchten* Selbsttötungen dagegen war in DDR-Gefängnissen extrem hoch. Im Zeitraum zwischen 1978 und 1982 wurden laut einer internen Forschungsarbeit des MfS in dessen Untersuchungsgefängnissen 149 Suizide verhindert. Hochgerechnet ergibt das eine Rate von schwindelerregenden 4000 Versuchen auf 100 000 Einwohner.

In der Nationalen Volksarmee war, abgesehen von einer für Udo Grashoff schwer zu deutenden Schwankung Ende der 1950er Jahre, die Selbstmordrate fast identisch mit der in der Zivilbevölkerung, das Gleiche gilt für die Grenztruppen. In der SED lag Stichproben zufolge die Suizidhäufigkeit sogar deutlich unter dem Bevölkerungsdurchschnitt.

An den Schulen fand ab Anfang der 1970er Jahre eine systematische Meldung von Schülersuiziden ans Ministerium für Volksbildung statt. Man wollte die Motive erforschen, um helfende Maßnahmen und Prävention zu ermöglichen. Trotzdem wurden zwischen 1975 und 1983 jährlich durchschnittlich 70 Schülersuizide festgestellt, zwischen 1984 und 1988 waren es dann – und das entspricht der allgemeinen Entwicklung der Raten – mit durchschnittlich 43 deutlich weniger.

In einer Bevölkerungsgruppe fiel die Suizidrate sehr hoch aus: bei den älteren Menschen. Jeder zweite an Suizid Verstorbene war Rentner, in der Bundesrepublik lediglich jeder dritte. Grashoff macht dafür aber nicht die schlechte wirtschaftliche Lage der Alten verantwortlich (oder wie der »Spiegel« schrieb: »Die Altersklasse der über 70jährigen (...) wird im deutschen Arbeiterparadies als ziemlich nutzlos angesehen«) oder die durch die geringe Zahl der Telefonanschlüsse starke soziale Isolation – oft lebten die Alten in Regionen, die vom Braunkohleabbau und damit vom Wegzug der Bevölkerung betroffen waren, sondern eine langfristige regionale »Tradition«. Doch dazu später mehr.

Anfang 1978 veröffentlichte ein zunächst anonym bleibender Verfasser, der sich später als der ehemalige DDR-Diplomat Hermann von Berg herausstellte, ein »Manifest der Opposition« im »Spiegel«. Darin fragte er: »Warum hat die DDR Welt-spitze bei Ehescheidungen, Selbstmordraten und Alkohol-missbrauch?«, und machte »den politischen Überbau ohne demokratische Spielregeln« und »die skandalöse Differenz zwischen ethischer Theorie einerseits und der humanen Praxis andererseits« dafür verantwortlich. Der Beitrag, der klingt wie die Inspiration zu »Das Leben der Anderen«, ist ein Beispiel dafür, wie Oppositionelle die hohe Zahl der Selbsttötungen als gesellschaftliches Krisenzeichen und als logische Konsequenz marxistischen Denkens interpretierten.

Die Literatur war in der DDR-Gesellschaft, der es an Presse-, Versammlungs- und Meinungsfreiheit mangelte, eine Ersatz-öffentlichkeit. Während in der frühen DDR der Tod, wenn über-haupt, nur als heroische Aufopferung vorkam, fand im Laufe der 1970er Jahre eine deutliche Enttabuisierung des Suizidthe-mas statt. Erich Honecker selbst hatte auf der 4. Plenartagung des Zentralkomitees der SED im Dezember 1971 gesagt: »Wenn man von der festen Position des Sozialismus ausgeht, kann es meines Erachtens auf dem Gebiet von Kunst und Literatur kei-ne Tabus geben« – ein Aufbruchsignal für die Schriftsteller. Spätestens ab 1977 war der Selbstmord dann kein verbotenes Thema mehr – ausgerechnet in dem Jahr, in dem die Raten ih-ren Höchststand erreichten. Eine ganze Reihe von Romanen, Erzählungen und Filmen wie Christa Wolfs »Nachdenken über Christa T.«, Ulrich Plenzdorfs »Die neuen Leiden des jungen W.«, Günter Kunerts »Die Bremse muss nachgestellt werden« und das Kinodrama »Solo Sunny« behandelten Selbstmord, mal politisierend, mal pathologisierend. Auch der Selbstmord des avantgardistischen Schriftstellers Wladimir Majakowski, der sich 1930 im Alter von 36 Jahren in Moskau erschossen hatte, teils aus privaten Gründen, teils wegen des Drucks, den die sowjetischen Literaturfunktionäre auf ihn ausübten, war Ende der 1970er Jahre kein Tabu. Allerdings wurde seine Tat wie in der Sowjetunion auch als »Verzweiflungsanfall« entpolitisiert.

Grashoff kommt zu dem Schluss, dass die durchgängig hohen Raten keine Folge einer unterschiedlichen Erfassungsmethode der Suizidzahlen in der DDR waren. Auch war man in der DDR weder preußisch übereifrig mit dem Zuschlagen von Toden zur Selbstmordstatistik, noch war die Dunkelziffer in der BRD besonders hoch, weil zum Beispiel katholisch gebundene Ärzte die Totenscheine fälschten, um den Hinterbliebenen Stigma und Schuld zu ersparen. Der Umstand, dass die Statistik in der DDR, ausgelöst durch die hohen Zahlen von Selbsttötungen nach dem Mauerbau, jahrzehntelang geheim gehalten wurde, bedeutet nicht, dass sie nicht gewissenhaft geführt wurde – im Gegenteil.

Die Geheimhaltung der Suizidzahlen ab 1963 bedeutete allerdings einen herben Rückschlag für die bis dahin recht aktive epidemiologische Suizidforschung in der DDR. Hatte zum Beispiel der Direktor der Nervenklinik der Charité Berlin im Oktober 1957 noch seine Antrittsvorlesung zum Thema »Psychologische Entwicklung zum Selbstmord« gehalten, war diese Phase der relativ freien Forschung nun nachhaltig beendet. Erst gegen Ende der 1960er Jahre wurde das Tabu wieder etwas gelockert, Anfang der 1970er Jahre fanden mehrere Tagungen und Kongresse zum Thema statt. Nach dem Tod des Pfarrers Brüsewitz erreichte die Suizidrate ein Maximum, das darauffolgende Jahr wurde zum Krisenjahr. Ein einziges Mal in seiner

Geschichte befasste sich das SED-Politbüro nachweislich mit dem Selbsttötungsgeschehen in der DDR. Es beauftragte den Vorsitzenden des Ministerrats, Willi Stoph,»die Hinweise über angeblich steigende Selbstmordziffern in der DDR zu prüfen und festzulegen, wer darüber die Statistiken führt«. Eine Folge der zunehmenden Politisierung der Suizide waren: Verbote. Wissenschaftliche und erst recht populäre Veröffentlichungen zum Thema wurden verhindert, drei Viertel aller Dissertationen, die zwischen 1978 und 1987 zum Thema angefertigt wurden, unterlagen der Geheimhaltung.

Erst Anfang der 1980er Jahre entstanden»Betreuungsstellen für Suizidgefährdete«. Die Maßgabe der SED war jedoch, dass die Forschungsergebnisse auf fachliche Kreise beschränkt blieben und die größere Öffentlichkeit nicht erreichten. 1983 wurde in lokaler Eigeninitiative einer SED-Bezirksleitung und eines Bezirksarztes in Leipzig das erste»Telefon des Vertrauens« eingerichtet, andere, auch kirchliche Telefonseelsorgen folgten wenig später. Anders, als man vermuten würde, lassen sich keine Hinweise darauf finden, dass die Stasi die Leitungen abhörte und sie für politische Zwecke missbrauchte.

Insgesamt zeigt sich, dass die SED kein Problem mit dem Thema Suizid selbst hatte, sondern lediglich die oft damit verbundene Kritik am politischen System der DDR fürchtete – mit dem Ergebnis, dass die Spekulationen blühten, wie der Fall Dean Reed zeigt. Man könnte sagen: Das seit Jahrhunderten geltende Suizidtabu wurde in der DDR politisch überformt.

Grashoffs Fazit lautet:»Spezifische, durch die SED-Diktatur erzeugte Lebensschwierigkeiten und eine politisch bedingte Einengung von Handlungsspielräumen der Individuen haben offenbar nur in Einzelfällen zu Selbsttötungen geführt. ›Nur in Einzelfällen‹ heißt aber auch zugleich: Es hat politisch motivierte Verzweiflungstaten gegeben.« Die Diktatur habe Konfliktfelder erzeugt und suizidale Entwicklungen ausgelöst bzw. verschärft. Politisch motivierte Selbsttötungen seien sehr viel häufiger gewesen als in der Bundesrepublik.

Viele DDR-Bürger, die unter Repressionen und Zersetzungmaßnahmen litten, hätten aber in die Bundesrepublik übersiedeln können, was auch ein Grund gewesen sein könne, warum sich politische Repressionen nicht in der Suizidrate der DDR widergespiegelt hätten. Anders als DDR-Oppositionelle und bundesdeutsche Publizisten damals interpretiert Grashoff die hohen Selbstmordraten analog zu den grundlegenden Arbeiten Émile Durkheims nicht als Maß für die soziale Pathologie der DDR. Seiner Auswertung der Statistiken zufolge begehen in Diktaturen nicht mehr Menschen Selbstmord als in Demokratien und waren die Repressionen in der DDR nicht verantwortlich für die hohe Zahl an Selbsttötungen. Ein großer Teil der Fälle, die er beschreibt, legen aber genau diese Deutung nahe – oder zumindest eine Mitverantwortung. Aus den Statistiken, auf die sich Grashoff stützt, erschließen sich die Hintergründe der jeweiligen Tat eben nicht immer zweifelsfrei. Wo hören persönliche Beweggründe auf, und wo beginnen politische?

Die Frage bleibt: Warum brachten sich in der DDR vergleichsweise viele Menschen um? Seit Durkheims Untersuchung von 1897 gilt es als erwiesen, dass die Selbsttötungsraten in katholischen Gegenden geringer sind als in solchen mit einer Bevölkerung, die vorwiegend protestantisch oder atheistisch geprägt ist. Im Berlin der 1920er Jahre betrug die jährliche Rate unter Atheisten 54, die unter Protestanten 42 und die von Katholiken 32, wobei davon ausgegangen werden muss, dass ein Teil der Unterschiede auf verfälschende Angaben bei der Leichenschau zurückgeht.

In der DDR betrug der Anteil der Menschen evangelischen Glaubens 1949 noch 80 Prozent, katholisch waren 11 Prozent der Bevölkerung. In den 1980ern waren nur noch 25 Prozent der DDR-Bevölkerung evangelisch, fünf Prozent bezeichneten sich als katholisch. Dass die suizidhemmende Wirkung der katholischen Konfession aber auch Grenzen hat, zeigen die hohen Selbsttötungsraten in Österreich und Ungarn im 20. Jahrhundert.

Genau wie eine konfessionelle Bindung gilt eine stabile Ehe als suizidhemmend. In Sachsen war die Scheidungsrate im Jahr 1910 bereits dreimal so hoch wie in Westfalen und anderthalb Mal so hoch wie im Rest des Deutschen Reiches. Später glich sie sich allerdings an. In der DDR lag sie um 1960 bei 15 und in der BRD bei 10 Prozent. Allerdings verdoppelte sie sich in den folgenden 20 Jahren in beiden Teilen Deutschlands.

Anscheinend ist die große Suizidhäufigkeit in der DDR neben dem durch Konfession geprägten (oder eben: nicht geprägten) Milieu auch auf recht stabile mentale Prägungen zurückzuführen. In den Gebieten, die nach 1949 zur sowjetischen Besatzungszone bzw. zur DDR gehörten, registrierten bereits die Statistiken des Kaiserreiches, also am Ende des 19. Jahrhunderts, eine hohe Suizidhäufigkeit. Schon 1900 lag die Rate hier im Vergleich zu den korrespondierenden Gebieten der späteren BRD bei drei zu zwei. So betrug im Königreich Sachsen die durchschnittliche Selbstmordrate bei Männern im Alter zwischen 60 und 80 im Zeitraum zwischen 1903 bis 1907 ca. 163, in den drei DDR-Bezirken Dresden, Karl-Marx-Stadt und Leipzig lag sie im Jahr 1985 bei etwa 78.*

Schon vor dem Zweiten Weltkrieg stellte der Psychiater Hans W. Gruhle fest, dass die Kriminalitätsstatistiken des Deutschen Reiches eine relativ geringe Neigung der Sachsen zu Gewalttaten auswiesen. Zu Erklärung dieses Befundes heißt es im »Spiegel«, Gruhle paraphrasierend: »Zum Selbstmord bedarf es nämlich der gleichen gehemmten Renitenz, die sich an den typisch sächsischen Strafdelikten – Beleidigung, Verleumdung, Widerstand gegen Vollstreckungsbeamte – ablesen lässt.« Untersuchungen vom Ende der 1990er Jahre zeigen, dass Sachsen eine dem Bundesdurchschnitt gegenüber um 43 Prozent niedrigere Mordrate hat. Wenige Morde, viele Selbstmorde.

Mit dem französischen Suizidforscher Jean Baechler kann man von der Selbsttötungsrate also als von einem »unelastischen Phänomen« sprechen. Über 100 Jahre lang, durch das Kaiserreich, die Weimarer Republik und die Ära der deutsch-deutschen Teilung hinweg, blieben die Unterschiede zwischen West- und Ostdeutschland stabil. Eher als eine Frage von politischen Systemen ist Suizid offenbar eine von Wertesystemen und Mentalitäten.

Das räumte im Februar 1963 auch der Autor eines langen

---

* Bei den Frauen lagen sie in denselben Zeiträumen bei 37 bzw. 64 – die Geschlechter glichen sich im Verlauf des 20. Jahrhunderts also aneinander an.

Artikels zum Titelthema Selbstmord im »Spiegel« ein, wenn er zur hohen Rate jenseits der da gerade einmal anderthalb Jahre alten Mauer schreibt: »Immerhin wurde die Statistik der Sowjetzone durch die deutsche Spaltung benachteiligt. In der sogenannten DDR liegen Sachsen und Thüringen – jene Landstriche, deren Bewohner dem Dasein immer schon übermäßig zahlreich entflohen sind, sei es unter fürstlicher, Weimarer oder hitlerscher Regierung.«

In der Medizin bezeichnet man den Zustand derjenigen, die in den Tod gehen, als »präsuizidales Syndrom«. Es zeichnet sich durch eine extreme Einengung der Wahrnehmung, starres Denken und die Hemmung von Aggressionen aus. Statt diese Eigenschaften als typisch für die SED-Parteidiktatur und die hohe Selbstmordrate in der DDR als Marker für die »soziale Pathologie« der sozialistischen Gesellschaft zu lesen, schreibt Grashoff sie der Mentalität der Bevölkerung auf dem Gebiet der DDR zu.

Aktuelleren Statistiken zufolge bringen sich deutschlandweit seit Mitte der 90er Jahre die wenigsten Menschen im säkularen, von Singlehaushalten dominierten Berlin um, die meisten dagegen im katholisch geprägten Bayern. Die Rate in Bayern beträgt 12,9, wo sich somit 56 Prozent mehr Menschen umbringen als mit 7,5 in Berlin – zu Durkheims Zeiten war das Verhältnis nahezu umgekehrt, mit Sachsen an der Spitze der Statistik. Das Ungleichgewicht zwischen diesen beiden Bundesländern ist somit sogar noch größer, als es zwischen der BRD und der DDR war.

Unklar ist, warum ausgerechnet Bayern den derzeitigen deutschen Spitzenplatz innehat. Hier jedenfalls scheint Émile

Durkheims These von der suizidverhindernden Kraft von Religionen nicht zuzutreffen. Denkbar ist, dass das Bundesland den seit Ende der 1980er Jahre anhaltenden Trend zu sinkenden Suizidraten einfach langsamer mitvollzieht, Was die Selbstmordrate angeht, folgen Sachsen-Anhalt, Sachsen und Thüringen Bayern auf dem Fuß. Da wirkt offenbar eine lange »Tradition« bis in die Gegenwart hinein.

»Was ich verstanden habe«, sagt Grashoff über Erkenntnisse, die er während seiner Forschungen erlangte, »ist, dass die Entscheidung, Selbstmord zu verüben, ein sehr komplexes Phänomen ist, bei dem private Elemente eine viel größere Rolle spielen als politische.« Ausnahmen seien die Dutzende Suizide von Bauern während der Zwangskollektivierung und des damit einhergehenden Psychoterrors im Frühjahr 1960. Die SED, so Grashoffs Schlussfolgerung, war nicht verantwortlich für die hohe Selbstmordrate in der DDR, hat das Thema aber tabuisiert und die Suizidforschung und -prävention behindert.

In diesem Zusammenhang wäre es hochinteressant, zu wissen, wie hoch die Selbstmordrate in der letzten noch existierenden sozialistisch regierten Diktatur der Welt ist: Nordkorea. Es versteht sich von selbst, dass diese – sollte sie überhaupt erfasst werden – so lange geheim gehalten werden wird, bis das aktuell restriktivste politische System der Welt zusammenbricht.

Anlässlich des Oscars für »Das Leben der Anderen« im Jahr 2007 warf der frühere DDR-Bürgerrechtler Werner Schulz dem Film »kreative Verharmlosung« vor. In der Tat ist nicht bekannt, dass ein ranghoher Stasi-Mitarbeiter, wie ihn der Film mit dem »guten Menschen« Gerd Wiesler zeichnet, je einen Dissidenten gerettet und sich damit selbst in Lebensgefahr gebracht hätte.

Live und in Farbe – Die Frau,
die vor laufender Kamera Suizid beging

»Ich hoffe, dass aus mir einmal eine interessante Lady, Hausfrau, Mutter und eine gute Freundin für alle meine Bekannten wird. Was auch immer ich unternehme, ich werde versuchen, es zum Erfolg zu führen. Denn wenn irgend etwas nicht leiden kann, dann ist es Scheitern.«

Christine Chubbuck war 15, als sie das in ihr Tagebuch schrieb. Nahezu anderthalb Jahrzehnte später, am 14. Juli 1974, saß sie am Moderationstisch von Channel 40, dem Lokalfernsehsender in Sarasota, Florida, für den sie als Reporterin und Moderatorin arbeitete. Es war ein Montagmorgen, 9.30 Uhr, ihre tägliche Sendung hieß »Suncoast Digest«. Christine warf ihre langen, schwarzen Haare zurück, und ihre Lippen zuckten leicht, bevor sie ihr Moderationsscript umblätterte. Sie schaute auf das Papier und las: »Gemäß dem Grundsatz dieses Senders, Ihnen stets das Neueste in Sachen« – hier schaute sie auf und direkt in die Kamera – »Blut und Eingeweide zu präsentieren, und zwar live und in Farbe«, – sie sah nun wieder auf das Blatt vor sich – »zunächst zu etwas anderem: einem versuchten Selbstmord.« Mit der rechten Hand griff sie unter den Tisch und zog einen Revolver hervor. Sie legte ihn an der Rückseite ihres Kopfes an, hinter dem Ohr, ungefähr da, wo der Hals beginnt, und drückte ab. Es gab einen lauten Knall, und der Druck wehte ihr das Haar vors Gesicht, als wäre es von einer Windböe erfasst worden. Ihre Miene nahm einen verzerrten Ausdruck an, bevor ihr Oberkörper nach vorn kippte, mit einem dumpfen Geräusch auf den Tisch aufprallte und schließlich langsam darunter verschwand. Ihr Kameramann dachte zunächst, sie habe sich einen sehr, sehr schlechten Scherz erlaubt. Manche Zuschauer riefen erbost über den vermeintlichen Witz beim Sender an, andere verstanden den Ernst der Situation und riefen die Polizei.

Christine war am Morgen mit ausgesprochen guter Laune im Studio erschienen, sie war geradezu enthusiastisch gewesen. Sie, die von allen nur Chris genannt wurde, war 1,75 groß, schlank und braungebrannt, sie trug an diesem Tag ein schwarzweiß gemustertes Kleid, ihre langen, schwarzen Haare glänzten. Sie hatte einen Studiogast und dessen Frau herumgeführt und sich dann entschuldigt, sie müsse noch ihre Nachrichtenmoderation schreiben. Sie setzte sich an die Schreibmaschine und tippte ihren Text.

Als sie mit Blaulicht auf dem Weg in die Notaufnahme des Krankenhauses war, fand man auf ihrem Tisch den mit ihrem eigenen Blut getränkten Nachrichtentext, in dem sie beschrieb, wie sie ins Sarasota Memorial Hospital gefahren wurde und dass ihr Zustand kritisch sei. Sogar wer sie als Moderatorin ersetzen sollte, sagte sie richtig voraus.

Wenige Tage zuvor war sie mit Mike Simmons, dem Nachrichtenchef, in einen heftigen Streit geraten, weil er eines ihrer Stücke zugunsten eines Berichts über eine Schießerei gekürzt hatte. Der Inhaber des Senders hatte seine Belegschaft dazu angehalten, sich der Einschaltquoten wegen auf die sensationsheischenden Nachrichten zu konzentrieren, »blood and guts«, wie Chris diese Art von Berichten über Gewalt und Verbrechen abschätzig nannte.

Kurz bevor Chris am nächsten Tag starb, gab ihre Mutter Peg Chubbuck einem Lokalreporter ein Interview. Sie schilderte, wie deprimiert ihre Tochter gewesen sei. Dass sie zwar diesen Job gehabt und ihn geliebt, davon abgesehen aber über kein Sozialleben verfügt habe – keine engen Freunde, keine Beziehung oder auch nur die Aussicht auf eine. Mit ihrem 30. Geburtstag am 24. August hätte sie als alte Jungfer gegolten. Im Jahr zuvor war ihr ein Eierstock entfernt worden; die Ärzte hatten ihr gesagt, wenn sie je Kinder haben wolle, müsse das in den nächsten zwei Jahren geschehen. Sie lebte in einer Art WG mit ihren zwei besten Freunden: ihrem jüngeren Bruder Greg und ihrer Mutter. Diese sah in Chris' Unglück über ihr Privatleben den Grund für den Selbstmord ihrer Tochter. Sie litt an einer Depression, die Welt erschien ihr entweder schwarz oder weiß und nichts dazwischen.

Chris hatte immer Probleme gehabt, Anschluss zu finden. Bereits in der Highschool hatte sie den »Dateless Wonder Club« gegründet, für Mädchen wie sie, die jeden Samstagabend allein verbrachten. Trotz ihres gutes Aussehens, ihrer Intelligenz und des selbstbewusst scheinenden Auftretens war sie sehr unsicher. Als jemand vom Sender einmal vorschlug, die damals aktuelle Miss Florida für das Verlesen des Wetterberichts zu engagieren, befürchtete Chris, ihre Sendung an die Schönheitskönigin zu verlieren. Komplimente wies sie zurück, war immer sehr harsch und unnahbar. Gleichzeitig wirkte sie auf andere geradezu bedürftig. Man merkte ihr an, wie verzweifelt sie auf der Suche nach Freunden war, und die meisten Leute fühlten sich davon überfordert. Es gelang ihr nicht, Verbindungen zu Menschen außerhalb ihrer Familie aufzubauen. Keiner der Männer, mit denen sie Dates hatte, wollte sie ein zweites Mal sehen. Zu ihrer einzigen Freundin Andrea Kirby sagte sie einmal: »Ich hätte gern jemanden, nur für eine Woche, den ich wirklich liebe und der mich wirklich liebt.«

Die 32-jährige Kirby arbeitete als Sportreporterin für Channel 40, würde aber bald nach Baltimore ziehen, wo sie einen Job bei einem größeren Sender gefunden hatte. Chris hatte herausgefunden, dass Kirby mit George Peter Ryan ausging. Ryan, der von seinen Freunden »Gorgious George« genannt wurde, war Aktienhändler und bei Channel 40 für die Börsennachrichten zuständig. Chris war seit einiger Zeit in Ryan verliebt und hatte beschlossen, dass er derjenige sei, der ihr helfen könne, ihrem Leben endlich Sinn zu verleihen. Sie tauchte mit einem Kuchen auf seiner Geburtstagsparty auf und ließ ihn wissen, dass sie zu haben sei. Doch Ryan interessierte sich nicht für sie. Wie er später in einem Interview sagte, fand er sie anfangs nervig und unattraktiv. Sie kam ihm unweiblich vor mit ihrem Männerjob, in dem sie auch noch besser war als viele Männer. In der Woche vor ihrem Tod erschien sie ihm jedoch wie ausgewechselt. (Übrigens ein durchaus übliches Verhalten bei Depressiven, die zum Suizid entschlossen sind.) Als er sie im Studio traf, flirtete und scherzte sie mit ihm und setzte sich auf seinen Schoß. Aber als er sie am nächsten Tag fragte, ob sie mit ihm ausgehen wolle, verneinte sie. Erst später ging ihm auf, dass sie da schon beschlossen hatte, zu sterben – ihrem Leben, das ihr wie ein einziges Scheitern vorkam, ein Ende zu setzen. Dieses Wissen machte sie gleichzeitig mutig und distanziert.

Ein paar Wochen vor ihrem Tod hatte Chris ihrem Chef vorgeschlagen, ein Stück über Selbstmord zu produzieren. Er gab ihr sein Okay. Chris rief beim örtlichen Polizeirevier an und befragte einen Officer zu verschiedenen Selbstmordmethoden. Der erzählte ihr, die sicherste Art und Weise, zu sterben, sei durch den Schuss eines 38-kalibrigen Revolvers. Er ließ Chris auch wissen, dass nur ein Schuss durch den unteren Hinterkopf sicher tödlich ist.

Ihre Mutter sagte, sie wäre nicht weiter überrascht von der Tat. Chris war jahrelang in Therapie gewesen, nachdem sie 1970 ein erstes Mal versucht hatte, sich mit Hilfe einer Überdosis Pillen umzubringen. Gegenüber ihrer Familie hatte sie immer wieder die Möglichkeit eines Selbstmordes erwähnt, es war ihr Notfallszenario. »Wenn das Leben zu hart wird, verschwinde ich«, hatte sie mal gesagt. »Wenn ich es nicht mehr ertragen kann, bin ich weg.« Was Peg Chubbuck allerdings überraschte, war, dass Chris sich entschieden hatte, vor aller Augen zu sterben. Es war ihre Art von Rache für die Gier des Senders nach blutigen Neuigkeiten. Vor allem aber bekam sie so die Anerkennung und Aufmerksamkeit, die sie ihr ganzes Leben lang gesucht hatte. Christine Chubbuck war der erste Mensch, der live im Fernsehen Selbstmord verübte.

Der zweite war 13 Jahre später Budd Dwyer, Republikaner, 47 Jahre alt, Schatzmeister des Staates Pennsylvania. Gegen eine Summe von 300 000 Dollar hatte Dwyer auf die öffentliche Ausschreibung eines Projekts verzichtet und einer kalifornischen Computerfirma einen 4,6-Millionen-Dollar-Vertrag verschafft. Bevor er über die Bühne gehen konnte, flog der Deal auf. Dwyer drohte eine 55-jährige Haftstrafe wegen Betrugs. Er plante, in Berufung zu gehen und solange unbezahlt im Amt zu bleiben, aber das »Pennsylvania Attorney General's Office« hatte erklärt, dass er seine Tätigkeit mit der Urteilsverkündung würde niederlegen müssen.

Für den 22. Januar 1987 hatte Dwyer daher in seinem Büro in Harrisburg eine Pressekonferenz anberaumt. Eine halbe Stunde lang las er aus einem 19-seitigen Dokument, das er an die meisten der anwesenden Journalisten ausgegeben hatte und an dessen Ende sich der Hinweis befand, dass die letzte Seite der Erklärung am nächsten Tag bei der Pressestelle des Schatzamts erhältlich sein würde. Er las vor, dass er sich als Opfer des Justizsystems und der drakonischen, »mittelalterlichen« Strafe des Richters sah, der sein Urteil verhängt hatte, aber auch, dass er es rückblickend für einen Fehler hielt, in seiner Funktion als State Legislator für die Todesstrafe gestimmt zu haben. Sein Fall habe ihm klargemacht, dass auf diese Weise unschuldige Menschen verurteilt und exekutiert worden seien.

Als er sah, dass einige Kameramänner begannen, zusammenzupacken, sagte Dwyer: »Sie bauen Ihr Equipment besser noch nicht ab.« Dann rief er drei seiner Mitarbeiter zu sich und händigte ihnen versiegelte Dokumente aus, die, wie er sagte, Instruktionen enthielten, die sie später lesen sollten. Als Nächstes griff er zu einem auf seinem Schreibtisch liegenden Umschlag, zog eine Pistole aus ihm hervor und entsicherte sie. Er sagte: »Bitte verlassen Sie den Raum, wenn Sie das verstört«, und machte eine hinausweisende Handbewegung. Die Umstehenden versuchten, auf ihn einzureden und ihn zu stoppen, aber Dwyer steckte sich die Pistole in den Mund und drückte ab.

Anders als in Christine Chubbucks Fall finden sich Aufnahmen von Budd Dwyers öffentlichem Selbstmord im Internet. In dem Videomaterial sieht man, wie er nach hinten fällt und das Blut aus seinem offenen Mund rinnt.

Dwyer hatte geplant, so viel geht aus dem Text hervor, die letzte Seite seiner Erklärung mit der Waffe in der Hand vorzulesen, bevor er sich umbrachte. Offenbar war er dermaßen überzeugt von der Schlechtigkeit der Medien, dass er davon ausging, dass niemand einschreiten würde, sondern alle auf ihren Plätzen verharren und ihm zuhören würden. Am Ende des Dokuments stand: »Letzten Mai habe ich angekündigt, dass ich euch nach dem Prozess die Geschichte des Jahrzehnts liefern werde. Für die Oberflächlichen unter euch sind die Ereignisse von heute morgen diese Geschichte. Wenn Sie einen schwachen Magen haben, verlassen Sie bitte umgehend den Raum. Joanne, Rob, Deedee« – hier wandte er sich an seine Frau und seine Kinder –, »ich liebe euch! Danke, dass ihr mein Leben so glücklich gemacht habt. Auf drei: Auf Wiedersehen an euch alle. Bitte stellt sicher, dass ich mein Leben nicht umsonst geopfert habe.«

Die Medien hielt er an, seine Geschichte auf jedem Radio- und Fernsehsender und in jeder Zeitung und jedem Magazin der Vereinigten Staaten zu erzählen.

Der Freitod durch die Hand
des Henkers

Aus der schwedischen Provinz, wo sie aufgewachsen war, nach Stockholm gezogen, lässt sich Barbro Persdottir 1668 im Danviken-Krankenhaus wegen einer Gesichtsverletzung behandeln. Dort verliebt sie sich in Mats Johansson, der bei einem Unfall seine Beine verloren hat. Beide äußern den Wunsch, zu heiraten. Aber sowohl Barbros Verwandte als auch der Verantwortliche im Krankenhaus sind gegen die Hochzeit mit dem behinderten Mann. Der, tief enttäuscht, löst die Verlobung auf. Derart gedemütigt, geht die junge Frau zum Haus eines Freundes, auf dessen Hof die Hochzeit hätte stattfinden sollen. Sie schlitzt dem dreijährigen Kind des Mannes die Kehle auf. Den Richtern des Stockholmer Stadtgerichts gegenüber sagt sie, dass sie hingerichtet werden wolle. Sie wird zum Tode verurteilt.

Am 26. September 1691 erscheint Marie Magdalena Wolf, die verwaiste Tochter eines örtlichen Kürschners, an den Toren des Nürnberger Gefängnisses und verkündet, dass sie ein Kind umgebracht habe und daher Einlass suche. Am selben Tag hat sie bereits zweimal versucht, sich in der Pegnitz, dem Fluss außerhalb der Stadtmauern, zu ertränken. Zurück in der Stadt, hatte sie auf dem Marktplatz die acht Monate alte Tochter eines Soldaten entführt und sie mit ihrem Taschentuch stranguliert. Marie Magdalena wird zum Tode verurteilt.

Im Mai 1704 lebt das 30-jährige Dienstmädchen Agnes Katherina Schickin in einer kleinen Stadt namens Schorndorf in Württemberg. Sie wird mit einem Mann verheiratet, den sie nur Tage zuvor das erste Mal gesehen hat, und zieht in das 16 Kilometer von ihrem Geburtsort entfernte Haus ihres Mannes. Ihre Schwiegermutter behandelt sie schlecht, Agnes vermisst ihr altes Leben, sie ist unglücklich. »Kindchen«, sagt man ihr, »geh nach Hause, arbeite und bete.« Agnes ist so unglücklich, dass sie beschließt, zu sterben.

Sie plant, Arsen zu kaufen, was sich jedoch als schwierig erweist, weil dessen Abgabe wegen der hohen Giftigkeit streng geregelt ist. Agnes schafft es dennoch, an eine kleine Menge zu kommen, indem sie dem Krämer erzählt, sie wolle es gegen Pflanzenschädlinge einsetzen. Sie nimmt eine Messerspitze des Giftes. Das, so hofft sie, würde sie töten, aber so langsam, dass sie genug Zeit hat, um zum Pfarrer ihrer Kirche zu gehen und ihre Sünde zu beichten. Aber das Gift tötet sie nicht, es verursacht lediglich eine schlimme Übelkeit, sie muss sich immer wieder übergeben, schafft es kaum mehr, etwas zu essen. Ein paar Tage später trifft sie auf ihrem Weg durch den nahen Ort Krumdorf vier »gar schöne Büblein«, wie sie später erzählen wird, die am Straßenrand spielen. Sie fragt die Kinder nach dem Weg in ihr Heimatdorf. Als einer der Jungen, der siebenjährige Kuhhirtensohn Hans Michael Furch, angibt, den Weg zu wissen, verspricht sie ihm ein Geschenk, wenn er ein Stück mit ihr gehe. Die beiden laufen in den nahegelegenen Wald, wo sie den Nachmittag verbringen. Ein Passant sieht, wie Agnes vor dem Jungen kniet und ihn entlaust. Wenig später wirft sie den Jungen auf den Boden und schlitzt ihm mit einem Messer die Kehle auf. Sie lässt ihn verbluten, geht zurück ins Dorf und gesteht ihre Tat der ersten Person, die sie trifft. Sie wird zum Tode verurteilt.

Ihre Antwort auf die Frage, wie sie sich für den Mord eines unschuldigen Kindes zu rechtfertigen gedenke, beschreibt ein Zeitzeuge folgendermaßen: »Das Kindt seye einweg seelig, sieh habe es nur gethan, damit sie von der Welt komme, der Henkher werde sie anietzo hinweg thun.«

Schickin wird hingerichtet – nicht, ohne ihre Tat vorher zu bereuen. So erhält sie als arme Sünderin die Absolution und darf hoffen, in den Himmel zu kommen, statt, belastet mit einer über alle Maßen verwerflichen Tat, Höllenqualen zu erleiden.

Im Nordeuropa des 17. Jahrhunderts etablierte sich eine Form des Selbstmordes, die damals als »Mord aus Lebensüberdruß« und heute als suizidaler Mord, mittelbarer Selbstmord, verschleierter Suizid oder *suicide by proxy* beschrieben wird. Unklar ist, wie die Idee entstand, Gewalt gegen andere sei der sicherste Weg in den Tod *und* zur ewigen Glückseligkeit. Es bleibt im Dunkeln, wie die Menschen anfingen, dank eines Schlupflochs in der christlichen Glaubenslehre und somit in Einklang mit ihr, den eigenen Tod herbeizuführen. Hat der Selbstmörder vor seinem Tod zudem als kriminell erachtete Handlungen verübt, wird sein Leichnam oft auf das Rad geflochten und auf dem Richtplatz ausgestellt. Aus Angst, der Geist des Selbstmörders könnte den Weg zurück in sein Haus suchen und die Lebenden verfolgen, findet das Begräbnis bei Nacht statt, die Besitztümer des Unglücklichen werden dem Grab beigegeben und die Türschwelle der Selbstmörderwohnung mit Schießpulver gereinigt. Louis XIV. erließ 1670 die Anordnung, dass der Körper der oder des Toten vor dem Hängen mit dem Gesicht nach unten durch die Straßen zu ziehen sei. In England regelte ein Gesetz bis 1823 die Beerdigung von Selbstmördern an Straßenkreuzungen. Aber nicht diese Schändung hielt die Menschen in der frühen Neuzeit davon ab, Selbstmord zu begehen. Es war die Angst vor der Hölle.

Anders als Selbstmörder, die Hand an sich selbst anlegten und deren Todesursachen aus Angst vor der Schmach von ihrem Umfeld häufig vertuscht wurden, waren die Stellvertreterselbstmörder darauf angewiesen, ihre Taten zu gestehen. Sie machten sie daher öffentlich. Deshalb weiß man heute: Selbstmord durch den Mord an einem Stellvertreter kam Hunderte Male vor.

Allein in Nürnberg fanden zwischen 1691 und 1745 mindestens acht solcher Gewaltverbrechen statt. Augsburg: fünf geglückte und ein versuchter Mord zwischen 1740 und 1783. Berlin: zwölf Stellvertretersuizide zwischen 1753 und 1794. Hamburg: sieben aktenkundige Taten in den Jahren zwischen 1772 und 1789. Sie wurden in der deutschen Provinz ebenso begangen wie im benachbarten Frankreich. Im Jahr 1670 war der Stellvertretersuizid in Stockholm üblich geworden, im Laufe des folgenden Jahrhunderts sollte die Stadt 62 weitere Fälle erleben. Hier war suizidaler Mord nach Totschlag die zweithäufigste gewaltsame Todesart.

Von den 116 Fällen, die zwischen 1612 und 1839 im Heiligen Römischen Reich stattfanden und die die Germanistin Kathy Stuart untersucht hat, sind bei 111 die Konfessionen der Täter bekannt. 88 davon entfielen auf Protestanten, 23 auf Katholiken, was zum Teil auf die Quellen zurückzuführen ist. Meist handelt es sich um medizinische Reporte, die hauptsächlich in protestantisch geprägten und früher von der Aufklärung betroffenen Staaten wie Sachsen oder Preußen publiziert wurden. Die andere Erklärung geht zurück auf Émile Durkheims 1897 in seiner Untersuchung »Le Suicide« sich aus empirischen Daten ergebende Beobachtung, dass Katholiken aufgrund der stärkeren sozialen Kontrolle und Interaktion innerhalb der Glaubensgemeinschaft seltener Selbstmord begehen. Auch der Historiker Arne Jansson, der die steigenden Suizidraten in Stockholm um das Jahr 1670 untersucht hat, macht neben dem starken Wachstum der Stadt und dem löchriger werdenden sozialen Netz den protestantischen Individualismus als Faktor aus.

Eine interessante anthropologische Konstante besteht darin, dass Suizid seit dem späten Mittelalter bis heute eine eher männliche Angelegenheit ist. Männer bringen sich in Europa genau wie in den USA und in Nichtindustriestaaten mindestens doppelt, wenn nicht dreimal so häufig um wie Frauen. Nicht so im Fall der Stellvertreterselbstmorde. Von den 114 Fällen, die Kathy Stuart untersucht hat und bei denen das Geschlecht bekannt ist, wurden 57 Prozent der Morde von Frauen begangen. Rechnet man lediglich die Fälle ein, die über Archivquellen und weniger über häufig durch die subjektive Auswahl von Zeitungsartikeln belegt sind, erhöht sich der Anteil der von Frauen begangenen Taten auf 83 Prozent.

Die meisten dieser Täterinnen waren alleinstehend und kinderlos. Sowohl die Ehe als auch Kinder galten damals und gelten bis heute als vor Suizid schützende Faktoren, aber da viele Männer in Kriegen gefallen waren, kamen zum Beispiel in Stockholm 1000 Männer auf bis zu 1443 Frauen. Viele von ihnen hatten keine Chance, jemals zu heiraten und Kinder zu bekommen. Sie waren Einsamkeit, Armut und sozialer Isolation ausgesetzt.

Damit hängt direkt zusammen, dass die Opfer des Stellvertretersuizids meist Mädchen waren. Während Männer Jungs umbrachten, wählten Frauen meist Mädchen, weil das einen größeren Grad an Identifikation bedeutete.

Ein Klischee, das nichtsdestoweniger wahr ist, besagt, dass Frauen eher zu unblutigen, weniger gewalttätigen Suizidmethoden greifen, heute wie damals. Brachten sich Männer bevorzugt mit Waffen um, schlitzten sich also zum Beispiel die Kehle auf, wählte die Hälfte der Frauen in den Ländern Schleswig und Holstein den Tod durch Ertrinken. Das Gleiche galt für Kindstötungen durch die jeweilige Mutter selbst, die meist durch bloße Vernachlässigung geschahen. Im Kontrast dazu waren die von Kathy Stuart untersuchten mittelbaren Selbstmorde meist durch extreme und aktive Gewaltanwendung charakterisiert. Von den 95 Fällen, in denen die Methode bekannt ist, entfallen 46 auf das Aufschlitzen der Kehle (Stuart sieht darin eine Parallele zum Tod durch Köpfen, der auf den Mörder oder die Mörderin wartete), gefolgt vom Erschlagen mit dem Knüppel (18 Fälle) und vom Ertränken (zehn). Arne Jansson hingegen verzeichnet für Stockholm das Erstechen als häufigste Mordmethode.

Anders, als die gewalttätigen Methoden vermuten lassen, handelte es sich bei den Morden nicht um Affekttaten, sie waren im Gegenteil meist von langer Hand und sehr sorgfältig geplant. Schließlich ging es um nicht weniger als darum, die eigene Exekution zu orchestrieren.

In den allermeisten Fällen waren die Opfer Kinder. Zunächst aus dem rein praktischen Grund, dass Frauen sich in der Lage sahen, sie leichter in ihre Gewalt zu bringen als Erwachsene. Entscheidender aber war der Umstand, dass Kinder in ihrem kurzem Leben noch keine Sünden begangen haben konnten und ihnen deshalb, so der Glaube, das Seelenheil auch ohne Beichte und Buße sicher war. Wenn kein Kind greifbar war, etwa weil der oder die Lebensmüde im Gefängnis oder in einer Nervenheilanstalt saß, wurden kindlich wirkende oder als kindlich geltende Erwachsene umgebracht, also Taube, Stumme oder geistig Behinderte.

Hatten sie ihre Tat gestanden, konnte die Schuld der Missetäter nur durch ein entsprechendes Maß an körperlichem Leid getilgt werden, zudem mussten sie sich mit dem Herrn versöhnen. »Nur mit einem reumütigen Sünder wurde die Bestrafung für das Publikum erbaulich, wurden sowohl Strenge als auch christliche Liebe und Barmherzigkeit verdeutlicht«, so der Historiker Jürgen Martschukat. Für die Reue bedurfte es der wahrhaftigen inneren Einkehr, deshalb mussten zwischen der Verkündung und dem Vollzug des Urteils drei Tage liegen. In dieser Zeit wurden die Täter von Geistlichen betreut. Die Vorbereitung auf den Tod war geprägt von Gebeten, Gesang und Gesprächen, am Ende erwarteten den Täter oder die Täterin die göttliche Gnade und das ewige Heil.

Genau dieses Konzept von Schuld, Schmerz und Vergebung produzierte aber ein Dilemma: Es nahm dem Tod einen Teil seines furchteinflößenden Charakters. Und: »Im Gegensatz zum Selbstmord versprach die Ermordung eines anderen Menschen einen famosen Abgang, ein letztes Maß an Aufmerksamkeit im Augenblick des Todes, und vor allem versprach sie die bestmögliche priesterliche Unterstützung«, so Martschukat.

Dazu kam: Mitunter zeigten die suizidalen Mörder kein echtes Zeichen der Reue, nichtsdestotrotz waren aber auch diese Täter davon überzeugt, dass Gott ihnen vergeben würde. Als die Geistlichen Christina Johannsdotter dazu zu bringen versuchten, ihr Bedauern angesichts des von ihr im Jahr 1740 an einem Kind verübten Mordes zu äußern, antwortete sie mit einem spöttischen Lachen. Wie sie glaubten offenbar viele Täter fest daran, dass Gott sich auch mit Hilfe ihrer vorgetäuschten und keinesfalls tatsächlich empfundenen Reue zufriedengeben würde – ein eigenartiges, fast kindlich anmutendes Gottesbild.

Um die Todesstrafe weder für den Verurteilten noch für das Publikum als Wohltat erscheinen zu lassen, wurde das Hinrichtungsverfahren Mitte der 1780er Jahre dahingehend verändert, dass sich die priesterliche Seelsorge nur noch bis zum Beginn des öffentlichen Spektakels erstreckte. Die letzte Segnung fand hinter verschlossenen Türen statt, der Hinrichtungskandidat hatte seinen letzten Weg allein zurückzulegen.

Ein anderes Problem bestand darin, dass Selbstmorde häufig in Clustern oder Wellen auftreten, so auch die Stellvertretersuizide. Ein Fall zog zahlreiche andere nach sich; diverse Lebensmüde berichteten, dass sie sich zu ihrer – letztendlich nicht ausgeführten – Tat entschlossen hatten, nachdem sie einer öffentlichen Hinrichtung wegen Mordes beigewohnt hatten.

Die Einführung verschärfter Strafen wie der dem Enthaupten vorangehenden Folter oder die Wiedereinführung schon abgeschaffter Strafen wie Ertränken oder Pfählung wirkten nicht abschreckend. Zudem herrschte der Glaube, das Ersetzen der Todesstrafe durch lebenslange Haft würde in Gottesstrafen für die gesamte Gesellschaft in Form von Naturkatastrophen oder Plagen resultieren. Wenn nicht einer, müssen alle büßen. Und obwohl sowohl Deutschland als auch Dänemark im Jahr 1767 statt der Todesstrafe für den versuchten Stellvertretersuizid lebenslange Haft verhängten, hielt sich das Phänomen bis in die 30er Jahre des 19. Jahrhunderts.

Die Aufklärung trug schließlich dazu bei, dass die Angst vor Gottes Zorn unter den Gläubigen abnahm und der Stellvertretersuizid, wenn man so will, ausstarb.

Menschliche Fackeln –
Tod durch Anzünden

Nachdem das Ordnungsamt seine Waage und seine gesamte Ware beschlagnahmt hat, setzt sich der 26-jährige Gemüsehändler Mohammed Bouazizi, der nach dem Tod seines Vaters die Familie ernährt, am 17. Dezember 2010 vor dem Haus des Gouverneurs in der tunesischen Stadt Sidi Bouzid in Brand. Als Bouazizis verkohlter Körper kurze Zeit später von den Rettungskräften abtransportiert wird, ist sein Cousin zufällig zugegegen. Er filmt die Szene mit dem Smartphone. Das über das Internet verbreitete Video löst Massenproteste aus, weitere Menschen setzen sich in Brand. Die Suizide breiten sich genau wie die sozialen Unruhen über Tunesien hinaus in einer Reihe von arabischen Ländern aus. Der tunesische Präsident Zine al-Abidine Ben Ali, der den sterbenden Bouazizi noch im Krankenhaus besucht hat, tritt zurück. Damit wird eine arabische Autokratie im ersten Anlauf durch das Volk gestürzt. Auch in Ägypten, Libyen und im Jemen wechselt das Regime. Auch fünf Jahre später hat sich die Lage in der Region nicht wieder beruhigt. Mohammed Bouazizis Tod war eines sicherlich nicht: folgenlos.

Laut Émile Durkheim zählt die Selbstverbrennung – wie auch Selbstmordattentate und das Todesfasten, das beispielsweise die IRA Anfang der 1980er Jahre in Irland praktizierte – zu den altruistischen Selbstmorden. Diese geschehen, anders als der egoistische Selbstmord, im Dienst eines höheren politischen oder religiösen Ziels. Sie werden also im Dienst eines kollektiven Interesses verübt. Auszählungen von Medienberichten zeigen, dass es zwischen 1963 und 2010 weltweit 832 Fälle von Protestsuizid gab.

Die Selbstverbrennung ist dabei eine besonders qualvolle Methode, zu sterben, und immer Trägerin einer eigenen Bedeutung: Sie soll die Qualen anderer repräsentieren und somit erfahrbar machen. Meist verbrennen dabei große Teile der Hautoberfläche, schon Verbrennungen von 10 Prozent können tödlich sein.

Die Selbstverbrennung unterscheidet zum Beispiel vom Selbstmordattentat, dass mit der Tat kein anderer zu Schaden kommt und auch kein materieller Schaden entsteht. Eine Selbstverbrennung soll die öffentliche Aufmerksamkeit auf einen Missstand lenken. Sie ist Protest.

Nach Durkheim kann sowohl ein Mangel als auch ein Übermaß an sozialer Interaktion oder – auf der anderen Seite – Regulation dazu führen, dass sich jemand umbringt. Womit er sich irrte, war die These, der altruistische Suizid komme öfter in von ihm sogenannten primitiven Gesellschaften vor,»wo wenig Achtung vor dem Leben zu finden ist«. Nicht nur in Abschiedsbriefen islamistischer Täter finden sich Aussagen, sie liebten das Leben wie den Tod. Es geht nicht um Flucht aus dem Leben, sondern oft um den Weg zum ewigen Leben. Als Märtyrer.

Auch ist er entgegen Durkheims Vorhersage mit einer fortschreitenden Individualisierung nicht seltener geworden, ist der politische Selbstmord doch im Gegenteil ein hochindividueller Akt. Aber Durkheim hatte weder die Massenmedien noch die allgemeine Verfügbarkeit von Benzin vorhersehen können.

Auch im europäischen Raum griffen Menschen vereinzelt zu dieser wahrscheinlich extremsten Form des – was den Schaden an anderen angeht – gewaltfreien Protestes: Als Joseph II., Kaiser des Heiligen Römischen Reiches, eine Reihe von Feiertagen und Kirchenfesten abschaffte, um die Zahl der Arbeitstage seines Volkes zu erhöhen, entschloss sich im Jahr 1789 ein Bauer in der Steiermark zum Selbstmord. »Er richtete zu dem Ende einen seinem Körper angemessenen Scheiterhaufen auf, heftete an einem gegenüberstehenden Baum ein Crucifix und Marienbild und legte sich, als er den Haufen angezündet, ganz ruhig auf sein zubereitetes Sterbebett und ließ sich so zu Asche brennen«, heißt es in einem zeitgenössischen Bericht.

Die Selbstverbrennung als politischer Protest ist wie andere politische Mittel, etwa Streik und Demonstration, bis zu einem gewissen Grad neutral. Sie hat verschiedene historische Vorläufer, einer davon: die buddhistischen Mönche in China und Indien, die sich im sechsten Jahrhundert nach unserer Zeitrechnung verbrannten, um sich als Opfergabe für Buddha darzubringen. Das Verbrennen war nur eine mögliche Methode dafür, aber von ihr ließ sich der buddhistische Mönch Thích Quảng Đức inspirieren. Er gilt als der erste Mensch, der sich im 20. Jahrhundert aus politischen Gründen selbst anzündete.

Sein Protest richtete sich gegen das katholische Regime unter Präsident Ngô Đình Diệm, das die vietnamesischen Buddhisten unterdrückte. Nachdem im Jahr 1963 auf einer Demonstration gegen das Verbot buddhistischer Fahnen acht oder neun Menschen erschossen worden waren, bat Thích Quảng Đức beim Führer seiner Glaubensgemeinschaft um die Erlaubnis, sich auf einer Saigoner Straßenkreuzung verbrennen zu dürfen. Untypisch für den Protestselbstmord hatte Quảng Đức bei seiner Tat also die Unterstützung einer Organisation. Mehr noch: Sein Tod wurde kollektiv geplant. Ein anderer Mönch rief bei Malcolm Browne, einem Reporter von Associated Press, an und sagte:»Ich würde Ihnen raten, zu kommen.« Andere Mönche hielten die Polizei davon ab, den brennenden Đức zu retten.

Brownes Bild war das erste Foto, das jemals von einer Selbstverbrennung angefertigt wurde. Es erschien am nächsten Tag im»Philadelphia Inquirer« und in den darauffolgenden Wochen in Dutzenden Zeitungen weltweit. Es soll den amerikanischen Präsidenten John F. Kennedy, dessen Regierung den vietnamesischen Präsidenten unterstützte, dazu gebracht haben,»Jesus Christ!« zu rufen. Das Foto wurde eine Bildikone des Vietnamkrieges. Im Land selbst brachten sich in der Folge unter anderem ein Dichter, vier weitere Mönche und eine Nonne um, bis das Diệm-Regime schließlich gestürzt wurde.

Zwischen 1963 und 1970 brachten sich weltweit 101 Menschen aus Protest um, 17-mal mehr als im Zeitraum ab 1919. Von 1963 bis 2010 zählt man durch Nachrichtenauswertungen 832 Fälle von Protestsuizid – die tatsächliche Zahl mag sehr viel höher liegen. Bis zu der Selbstverbrennung des Tunesiers Bouazizi waren solche Taten in Afrika genau wie in Lateinamerika praktisch unbekannt – oder wurden von der internationalen englischsprachigen Presse nicht beachtet.

Quảng Đứcs Selbstverbrennung jedenfalls war für die

Verbreitung des Selbstmordes als Protestform ähnlich entscheidend wie die Attentate auf eine amerikanische und eine französische Kaserne im Libanon 20 Jahre später für den Selbstmordanschlag: Er war somit ins Repertoire der Protestmöglichkeiten aufgenommen und wurde fortan viele Male durchgeführt.

Damit ein Selbstmord zum Opfertod wird und eine Bedeutung bekommt, muss die menschliche Fackel das sein, was ein Suizident der allgemeinen Wahrnehmung zufolge nicht ist: rational, willensstark und mutig. Und als Protestsuizid braucht die Selbstverbrennung eine Erläuterung in Form eines Briefes, Videos oder einer mündlich überbrachten Nachricht, um als solcher erkannt zu werden. Das zeigt sich auch an den Vorbereitungen, die der junge Tscheche traf, dessen Tod die Selbstverbrennung in den Warschauer-Pakt-Staaten verbreitet.

Als Student hatte sich der 20-jährige Jan Palach 1968 im Prager Frühling engagiert. Die Regierung der ČSSR strebte seit kurzem nach einem »Sozialismus mit menschlichem Antlitz«, es sah so aus, als würde es in absehbarer Zeit Wirtschaftsreformen und eine Aufhebung der Zensur geben – bis eine militärische Besatzung durch Truppen aus der Sowjetunion, Polen, Ungarn und Bulgarien den Prager Frühling niederschlugen. Es kam zu bewaffnetem Wiederstand und zu Massendemonstrationen, die wegen der militärischen Übermacht der Gegenseite symbolisch blieben und verklungen waren, als Palach seinen Abschiedsbrief aufsetzte.

»Angesichts dessen, dass unsere Völker am Rand der Hoffnungslosigkeit stehen, haben wir uns entschlossen, unseren Protest auszudrücken und die Leute dieses Landes auf folgende

Weise wach zu rütteln.«Er schrieb das Dokument, in dem er die Abschaffung der Zensur und ein Verbot der Verteilung der »Besatzer«-Zeitung »Zprávy« fordert und das eher emotionaller Appell als politische Analyse ist, mehrmals mit der Hand ab. Er warf einige Kopien, gerichtet an den Schriftstellerverband, den Studentenführer und einen Freund, in den Briefkasten der Prager Hauptpost. Am Ort seiner Tat, dem Prager Wenzelsplatz, sollte Palach eine schwarze Aktentasche mit einer weiteren Kopie hinterlassen. Die Tasche stellte er am Nachmittag des 16. Januar 1969 der Nähe der Treppe zum Nationalmuseum ab, zog seinen Mantel aus, übergoss sich mit Benzin und entzündete ein Streichholz. Dann rannte er auf den Platz hinaus.

Auf dem Weg in den OP sagte er: »Ich bin kein Selbstmörder.« Bevor er drei Tage später starb, machte er deutlich, woher er die Idee gehabt hatte, sich anzuzünden: In Vietnam habe es geholfen. Er bereue seine Tat nicht.

Unterschrieben hatte er seinen Brief nicht mit seinem Namen, sondern mit »Fackel Nr. 1« und, als wohlwollendes PS: »Ich bin jedoch überzeugt, dass unsere Völker ein Mehr an Licht nicht benötigen werden.«

Das Bild der Fackel gehört zu den häufigsten in Abschiedsbriefen von Selbstverbrennern. Der Ursprung dieser Assoziation liegt im frühen Mittelalter: Im sechsten Jahrhundert sah der Sektenführer Mahāsattva Fu im Untergang der buddhistisch geprägten Liang-Dynastie das Ende der Zeit gekommen und schwor, sich als lebende Kerze zu verbrennen. Seine Anhänger wollten das verhindern und verbrannten sich an seiner statt – manche vollständig, andere schnitten ihre Finger oder Ohren ab und verbrannten diese. Im Jahr 555 rief Fu seine Schüler dann zur Selbstverbrennung auf, um für die Sünden der fühlenden Lebewesen zu büßen und für die Ankunft des Retters zu beten. Drei seiner Anhänger machten sich zu brennenden Lampen, indem sie sich an metallene Gestelle hängten. Der Brauch der buddhistischen Selbstverbrennung taucht dann in den 1960ern wieder in Vietnam auf – mitunter mit der Formulierung von der Fackel. Die westlichen Medien griffen das Bild in der Berichterstattung über Quảng Đức auf, es wird bis heute benutzt. Weniger im Sinne eines religiösen Reinigungsrituals als im säkularen Kontext im Sinne von Aufklärung.

Gleich am Tag nach Jan Palachs Tat vebrannte sich ein 25-jähriger Brauereiarbeiter, in den folgenden zwei Monaten kam es in der ČSSR zu etwa 30 weiteren Selbstverbrennungen – die bekannteste ist die der »Fackel Nr. 2«, Jan Zajíc, der sich einen Monat nach Palach ebenfalls auf dem Wenzelsplatz anzündete. Hinzu kamen Fälle in Ungarn, Italien, Großbritannien und der Sowjetunion – nicht alle aus politischen Motiven. Die tschechoslowakischen Nachrichten sprachen allerdings fast immer von psychisch kranken Tätern.

Zu Ehren Palachs wurde am Tag seiner Beerdigung im ganzen Land eine Schweigeminute abgehalten. Nach der feierlichen Aufbahrung in der Karlsuniversität wurde Palachs Begräbnis zu einer Massendemonstration von mehr als 500 000 Menschen. Der Erfolg dieser Proteste blieb zu der Zeit begrenzt. Als das tschechoslowakische Volk sich 20 Jahre später zum ersten Mal seit 1969 wieder gegen die Regierung auflehnte und sie so zum Rücktritt brachte, interpretierte man Jan Palachs Selbstverbrennung rückblickend als Anfang vom Ende der Tschechoslowakischen Republik. Die Taten Thích Quảng

Đức und Jan Palachs sind Ausnahmen. Gemessen an ihrem jeweiligen Ziel war die Selbstverbrennung selten so erfolgreich wie in diesen beiden Fällen.

Als Protestform ist sie, so viel steht fest, nicht an eine bestimmte Kultur oder Religion gebunden. Menschen sterben auf diese Weise, um gegen das Verlassenwerden zu protestieren, gegen die Unterdrückung der Tibeter durch die chinesische Politik, aus Protest während der chinesischen Revolution, gegen den Vietnam-, den Golf-, den Irakkrieg, gegen die Umweltpolitik der BRD, gegen die Einführung von Hindi als indischer Amtssprache, für die Neugründung eines indischen Bundesstaates, gegen die Großmachtpolitik der USA am Panamakanal, gegen den Umgang der türkischen Regierung mit der kurdischen Arbeiterpartei PKK, gegen die zunehmende Ausländerfeindlichkeit in Deutschland, gegen die angebliche Lügenflut, die auf das »deutsche Volk« niedergeht, gegen die Enteignung ihrer Häuser in China, aus Protest gegen die italienische Schuldenkrise, die sie arm gemacht hat, gegen Armut und Schulden in Bulgarien, gegen die Unmenschlichkeit und Ungerechtigkeit in der Welt.

Im November 2006, am Reformationstag, zündet sich der pensionierte Pfarrer Roland Weißelberg vor dem Erfurter Augustinerkloster selbst an, in der Kirche findet gerade ein Gottesdienst statt. Während er brennt, ruft der 73-Jährige immer wieder »Jesus« und »Oskar« – offenbar ein Verweis auf den DDR-Pfarrer Oskar Brüsewitz (siehe Seite 48). Weißelberg, der von der Kirche immer wieder gefordert hatte, sich religiös abzugrenzen, wollte laut seinem Abschiedsbrief mit seinem Tod gegen den sich angeblich ausbreitendem Islam protestieren. Er stirbt zwei Tage später. Zehn Jahre später wird in Erfurt diskutiert, ob die bis dato 70 Erfurter Muslime die Erlaubnis bekommen sollen, die erste Moschee der Stadt zu bauen.

»Gehe für ein Weilchen weg« – Abschiedsbriefe

»Ich hatte wirklich Spaß. Auf Wiedersehen und danke.«
Roman Gary, französischer Schriftsteller, der sich am 2. Dezember 1980 ins Herz schoss.

»Liebe Welt, ich gehe, denn mir ist langweilig«,
schrieb George Sanders, englischer Schauspieler und Komponist, bevor er am 25. April 1972 eine Überdosis Schlaftabletten nahm.

»Goodbye, everybody!«
Hart Crane, amerikanischer Dichter, bevor er am 27. April 1932 von einem Passagierschiff in den Golf von Mexiko sprang.

»Ich habe mich gestern abend köstlich amüsiert. Ich vergifte mich, warum, das geht keinem (sic!) Teufel etwas an.«
Eine anonyme 17-Jährige um das Jahr 1914 herum, bevor sie sich mit Leuchtgas vergiftete.

»Gehe für ein Weilchen weg.«
Theo Decker, der Held von Donna Tartts Roman »Der Distelfink«, im Abschiedsbrief zu seinem gescheiterten Selbstmordversuch.

»Ich klage niemand an, mein Herz ist frei von Groll, ich sterbe nur etwas früher, als ich eines natürlichen Todes gestorben wäre«,
schrieb der Psychoanalytiker Victor Tausk am 3. Juli 1919 an seinen Kollegen Sigmund Freud, bevor er sich eine Gardinenschnur um den Hals legte, mit der Pistole am Kopf sprang und gleichzeitig abdrückte.

»Ich bin nun dabei, ein großes Abenteuer zu unternehmen.«
Calla Blandick, Hollywood-Schauspielerin, in ihrem Abschiedsbrief
vom 15. April 1962

»Was Cato getan hat und Addison für gut befand, kann nicht falsch sein.«
Eustace Budgell, englischer Schriftsteller und Politiker, in einem Abschiedsbrief, bevor er sich am 4. Mai 1737 von einem Schiff in die Themse warf.

»Sterben –, nun, ich weiß, das hat es schon gegeben; doch: Auch Leben gabs ja schon einmal«,
schrieb der russische Schriftsteller Sergej Alexandrowitsch Jessenin mit seinem eigenen Blut in einem Abschiedsgedicht, bevor er sich am 28. Dezember 1925 in einem Leningrader Hotelzimmer die Pulsadern aufschnitt und sich an den Heizungsrohren an der Zimmerdecke aufhängte.

»Jede Frau mit der du zärtlich bist, wirst du an mich denken müssen. Gruß und ein letzter Kuß M.«
Anonym

»An meine Freunde: Meine Arbeit ist getan. Warum warten?«
George Eastman, Erfinder des 35-mm-Films, bevor er sich am 14. März 1932 ins Herz schoss.

»Es ist schön, Geld zu haben ... Ich wollte Geld verdienen.«
Lee Eun-ju, südkoreanische Schauspielerin, die sich am 22. Februar 2005 erst die Pulsadern aufschlitzte und dann erhängte.

»Keine Spiele mehr. Keine Bomben mehr. Keine Spaziergänge.
Kein Spaß. Kein Schwimmen. 67. Das sind 17 Jahre mehr als 50.
17 mehr, als ich brauchte oder wollte. Langweilig. Ich bin immer
zickig. Kein Spaß – für niemanden. 67. Du wirst gierig. Benimm
dich deinem Alter entsprechend. Entspann dich – es wird nicht
wehtun«,
hatte Hunter S. Thompson in seinem Brief an seine Frau geschrieben, bevor er sich an seinem Schreibtisch sitzend, am 20. Februar 2005 durch einen Kopfschuss tötete.

»Ich werde mich jetzt schlafen legen, für ein bisschen länger als
üblich. Nennen wir es Ewigkeit.«
Jerzy Kosiński, polnisch-amerikanischer Schriftsteller, der am 3. Mai 1991 eine tödliche Menge Alkohol und Drogen nahm und sich dann eine Plastiktüte über den Kopf zog.

»Entschuldigt das Blut.«
Per Yngve »Dead« Ohlin, Black-Metaller bei der norwegischen Band Mayhem, der sich am 8. April 1991 erst die Pulsadern und die Kehle aufschlitzte und dann erschoss.

»Liebe Mary: Ich hasse dich. In Liebe, George«,
Anonym

Grönland, Unschönland

Laut Weltgesundheitsorganisation haben Litauen, Südkorea und Russland mit um die 30 Suiziden pro 100 000 Einwohnern pro Jahr die höchsten Selbstmordraten der Welt. Statistisch gesehen geschehen die meisten Selbstmorde jedoch im zu Dänemark* gehörenden Grönland. Lag die Rate zwischen 1900 und 1930 bei lediglich 0,3 pro 100 000 Einwohnern im Jahr, stieg sie in den späten 1980er Jahren auf 120. Heute liegt sie immer noch bei 100 – das ist achtmal höher als in Deutschland. Die meisten Selbstmorde begehen Teenager und junge Erwachsene. In einer Studie im Jahr 2008 gab eine von vier jungen Frauen an, schon einmal versucht zu haben, sich umzubringen.

Das Phänomen betrifft nicht nur Grönland. Seit den 70er und 80er Jahren stiegen die Suizidraten in Eingeborenen-Communities sowohl in Alaska, unter den Guaraní im Südwesten Brasiliens als auch im Nordwesten Kanadas signifikant an. Aber nirgends zeigt sich das Problem so deutlich wie auf der größten Insel der Welt.

Mehrere Tausend Jahre lang hatte die Bevölkerung Grönlands, das geologisch zum arktischen Nordamerika zählt und dessen Landesinneres zum großen Teil eisbedeckt ist, von der Jagd und vom Fischfang gelebt. Die heutigen Einwohner des

---

* Paradoxerweise gilt ausgerechnet Dänemark seit vielen Jahren als das europäische Land mit den zufriedensten, psychisch stabilsten Menschen.

Landes sind Nachkommen der Thule-Inuit, die etwa ab dem Jahr 1000 aus Kanada und Alaska auf die Insel einwanderten. Sie jagten Wale und Eisbären, lebten in erweiterten Familienverbänden und kleinen Gemeinschaften aus mehreren solcher Familien. Noch im 16. und 17. Jahrhundert beschränkte sich der Kontakt zwischen den Inuit und den Europäern höchstwahrscheinlich auf den gelegentlichen Austausch von Waren.

1721 siedelte der protestantische Missionar Hans Egede, der aus dem zum Königreich Dänemark gehörenden Norwegen stammte, an der Westküste Grönlands eine Gruppe von Menschen an. Im Laufe der Jahrzehnte folgten weitere Kolonien, und am Ende des 18. Jahrhunderts waren die meisten Inuit in dieser Gegend getauft. Dänemark hatte die Souveränität über die Insel gewonnen. Es machte die Inuit mit Konsumwaren bekannt und etablierte den Handel, sodass die Einwohner zusehends abhängiger von dänischen Lebensmittel- und Warenlieferungen wurden.

Der Zweite Weltkrieg markierte endgültig das Ende der Jagd- und Subsistenzgesellschaft, Grönland wurde schlagartig ins Industriezeitalter versetzt. Dänemark versuchte, sein Wohlfahrtsstaatsmodell auch in Grönland einzuführen, und erließ eine Reihe neuer Gesetze, die die Insel zu einem Zentrum der kommerziellen Fischerei-Industrie machen sollten. Infrastrukturprojekte wurden entwickelt, die Einwohner wurden aus ihren kleinen, dezentralisierten Siedlungen in größere Städte umgesiedelt. 1953 schließlich wurde Grönland Teil des dänischen Königreichs, was ein enormes Bevölkerungswachstum zur Folge hatte. Waren es am Anfang des 20. Jahrhunderts noch lediglich 11 800, leben heute 56 000 Menschen in Grönland, 88 Prozent davon sind dort geboren und gelten als Inuit, die anderen 12 Prozent sind meist dänischer Herkunft. Trotz der 1979 nach einer Volksabstimmung eingeführten Selbstverwaltung blieb und bleibt es bis heute abhängig von den Subventionen des dänischen Staates.

All das stürzte das Land in eine Identitätskrise, die sich in Alkoholmissbrauch, Kriminalität, Inzest* und steigenden Selbstmordraten niederschlug – und es bis heute tut.

Dabei handelte es sich bei Suizid unter den Inuit traditionell um eine akzeptierte Methode, zu sterben, für den Fall, dass jemand aufgrund einer Krankheit oder des Alters zur Last für die Gemeinschaft geworden war. Der zum Selbstmord Entschlossene konsultierte seine Familie, die ihm im Zweifel auch bei der Durchführung desselben assistierte. Der amerikanische Fotograf Richard Harrington beschreibt in seinem Anfang der 50er Jahre erschienenen, in einem den heutigen Leser befremdenden Kolonialherrenton gehaltenen Buch »Das Gesicht der Arktis« mehrere dieser Fälle, etwa diesen von 1947: »Ein schwer gelenksleidender Mann hatte, des Lebens müde, versucht, sich

---

* Die Gründe hierfür sind möglicherweise in den Traditionen der Inuit zu suchen, da Inzest in besonderen Fällen geduldet wird, wie beim Tod der Frau oder wegen allgemeinen Frauenmangels in einer Gemeinschaft. Auch dieses Thema streift Harrington kurz in seiner Erzählung von einem Mann namens Kalakaluk: »Als ich mich in Port Harrison aufhielt, lebte er als Gefangener in einem Iglu hinter der Siedlung. Nach dem Tode seiner Frau hatte er sich an seiner Tochter vergangen. In seinem Lager gab es keine andere Frau für ihn. In solchen Fällen wird Inzest von den Eingeborenen geduldet. Ihr Grundsatz ist: Jeder Mann hat das Recht auf eine Frau, jede Frau genauso das Recht auf einen Mann.« Mit derselben Begründung praktizieren die Inuit in der Arktis auch Polygamie und Polyandrie, genannt »Areodjarekput«, in deren Rahmen für ein paar Tage die Ehepartner getauscht und auch Kinder gezeugt werden.

zu erschießen, aber Finger und Arme, von der Erkrankung versteift, vermochten das Gewehr nicht mehr zu bedienen. Er rief seine Frau. Sie gehorchte – und wurde der Beihilfe zum Selbstmord angeklagt.« Das offenbar als mild erscheinende Urteil von einem Jahr und neun Monaten Strafarbeit begründet Harrington so: »Ja, aber man muss in Betracht ziehen, daß hier vom Standpunkt der Eskimos kein Verbrechen vorlag. In solchen Fällen gilt Selbstmord als einziger Ausweg. Was ist nutzloser als ein Mann, der das Gewehr nicht mehr abziehen kann?«

Die Selbstmorde aber, die seit den 70er Jahren in Grönland geschehen, betreffen meist junge Erwachsene im Alter zwischen 15 und 24. Speziell in dieser Altersgruppe führt das zu Raten von bis zu 460 – zehnmal so viel wie zur gleichen Zeit im finnischen Helsinki.

Aus einer Untersuchung des Psychologen Markus J. Leineweber geht hervor, dass mehr als die Hälfte der Suizide, 56 Prozent, durch Erhängen vonstatten geht, ein Drittel entfällt auf Erschießen. Heute sind diese beiden Todesarten sogar für 91 Prozent der Tode unter männlichen bzw. 70 Prozent unter weiblichen Jugendlichen verantwortlich. Es wird also auf sehr gewaltsame und mit hoher Wahrscheinlichkeit zum Tod führende Methoden zurückgegriffen. Hilferufe sehen anders aus.

Zwei Studien, die 1979 und 1998 unter Grönländern durchgeführt wurden, die einen Selbstmordversuch unternommen hatten, zeigen, dass ein hoher Anteil der Teilnehmer aus schwierigen Elternhäusern stammte, in denen Alkoholismus und sexueller Missbrauch herrschten. Leineweber untersuchte auch 408 zwischen 1987 und 1995 ausgestellte Sterbeurkunden, auf denen Suizid als Todesursache angegeben war, und stellte fest, dass die Raten unter männlichen Einwohnern am höchsten waren, wenn diese arbeitslos oder Studenten waren oder traditionellen Berufen wie Fischer oder Jäger nachgegangen waren. Unter Frauen lag die Rate unter Studentinnen am höchsten. Insgesamt stellt Leineweber fest, dass in der Hälfte der Fälle konfliktbeladene und zerbrochene Beziehungen ausschlaggebend für die jeweilige Tat waren. Die Störung von Gemeinschafts- und Familienbanden scheint die Verwundbarkeit der Jugendlichen zu erhöhen, dazu kommt, dass bereits erfolgte Selbstmorde bekanntlich Nachahmertaten provozieren.»In der Summe«, schließt Leineweber,»sind dysfunktionale und gestörte soziale Netzwerke das auffälligste Merkmal der Selbstmorde in Grönland.«

Die Umsiedlungen der Inuit führten zu Arbeitslosigkeit, Desorientierung und Hoffnungslosigkeit besonders unter den Männern, die sich jeglicher traditioneller Zurschaustellung ihrer Maskulinität beraubt sahen. Die althergebrachten Familienstrukturen zerfielen. Über Jahrhunderte waren Jungen dazu erzogen worden, gute Jäger zu sein, während Mädchen häusliche Aufgaben übernahmen. Die Modernisierung Grönlands konfrontiert die Jugend bis heute mit widersprüchlichen sozialen Normen und Werten. Sie kann sich weder mit den traditionellen Rollen identifizieren, noch stehen ihr bereits definierte neue Rollenbilder zur Verfügung. Zählten Werte wie Unabhängigkeit auch von Gleichaltrigen zu den Überlebensvoraussetzungen in einer auf Jagd basierenden Gesellschaft, haben sie heute einen negativen Effekt auf Jugendliche. Zudem stellt die moderne Lebensphase der Adoleszenz neue Herausforderungen an eine Gemeinschaft, in der der Übergang vom Kind zum

Erwachsenen über Jahrhunderte dadurch gekennzeichnet war, dass jemand jagen oder kochen lernte. Auch scheinen Magazine und Fernsehprogramme, die das Leben ihrer amerikanischen und europäischen Altersgenossen und somit die Diskrepanz zwischen dem Leben hier und dort zeigen, zu einem herabgesetzten Selbstwertgefühl, einem negativen Selbstbild und so einer massiv erhöhten Selbstmordrate unter den Jugendlichen Grönlands zu führen.

Die Frau des Mannes,
der den Gaskrieg erfand

»Durch Erschießen ihrem Leben ein Ende gesetzt hat die Gattin des Geheimen Regierungsrates Dr. H. in Dahlem, der zur Zeit im Felde steht«, schrieb die Grunewald-Zeitung in ihrer Ausgabe vom 8. Mai 1915. »Die Gründe zur Tat der unglücklichen Frau sind unbekannt.«

Die Frau, die sich in der Nacht des 1. Mai umbrachte, hieß Clara Immerwahr. Die Gründe für ihre Tat lassen sich sehr genau benennen. Der Beginn der Ereignisse, die zu ihrem Selbstmord führten, lässt sich sogar präzise eingrenzen: Der Tag im Sommer 1901, an dem sie Fritz Haber das Jawort gab.

Clara Immerwahr wird am 21. Juni 1870 als drittes Kind eines promovierten jüdischen Chemikers in der Nähe von Breslau geboren. Der Landwirt, der mit Düngemitteln experimentiert, fördert früh das Interesse, das seine Tochter für die Chemie an den Tag legt. Während Claras ältere Schwester sich auf ein Leben als Hausfrau und Mutter vorbereitet, zieht es Clara wie ihren Bruder Paul ans Gymnasium. Aber in Breslau gibt es kein Mädchengymnasium, sodass Clara stattdessen auf die Höhere Töchterschule gehen muss, deren Ausbildung doch nur auf die »natürliche Bestimmung« der Mädchen hinausläuft. In der Tanzstunde lernt sie einen Jungen kennen und verliebt sich in ihn. Der zwei Jahre ältere jüdische Händlersohn Fritz Haber macht ihr einen Heiratsantrag. Sie lehnt ab, sie hat andere

Pläne. Statt des Abiturs bleibt ihr allerdings nur der höchste damals für junge Frauen vorgesehene Abschluss zur Lehrerin, der sie doch nur wieder zum Unterricht an der Mädchenschule qualifiziert. Irgendwie schafft es Clara, eine Sondergenehmigung zu bekommen und auf diesem Weg das Abitur zu machen, nur um sich dann nicht an der Universität Breslau einschreiben zu dürfen. Wiederum nur dank einer Sondergenehmigung darf sie gastweise naturwissenschaftliche Vorlesungen besuchen.

In Richard Abegg, einem Dozenten für physikalische Chemie, findet sie einen Förderer. Er lässt sie an seinen Forschungen teilhaben und gemeinsam mit ihm publizieren. 1900, mit 30 Jahren, macht Clara Immerwahr als erste Frau in der Geschichte der Universität und als eine der ersten Deutschlands ihren Doktor – mit magna cum laude. Das Thema ihrer Dissertation lautet »Beiträge zur Löslichkeitsbestimmung schwerlöslicher Salze«. Sie bekommt eine Stelle als unbezahlte Laborassistentin.

Auf einer Konferenz in Freiburg trifft sie Fritz Haber wieder, der nun Chemieprofessor ist, sie um einen fachlichen Rat bittet und ihr erneut – zehn Jahre nach dem ersten – einen Heiratsantrag macht. Sie zögert und willigt dann doch ein. »In Gedanken stelle ich mich auf eine Chemikerehe ein, in der zwei Schreibtische gleichberechtigt nebeneinander im Arbeitszimmer stehen«, sagt er. Das gemeinsame Vorhaben lautet, mithilfe von Kunstdünger die Ernährung der Weltbevölkerung zu sichern. Obwohl ihm in Qualifikation, Begabung und Forscherdrang mindestens ebenbürtig, assistiert Clara ihrem Mann im Labor lediglich. Als 1905 das Lehrbuch »Thermodynamik technischer Gasreaktionen« erscheint, taucht ihr Name nur in der Widmung auf, wo er ihr für die »stille Mitarbeit« dankt.

Clara wird schwanger, auf eine unschöne Schwangerschaft folgt die komplizierte Geburt des Sohnes Hermann. Haber liegt währenddessen mit einer »Darmaffektion« im Bett, kurz darauf geht er auf eine mehrmonatige Forschungsreise in die USA. Im Labor ihres Mannes ist Clara da bereits nicht mehr erwünscht. Sie darf sich dem kränkelnden Kind widmen und dem Gastgeben. Ab und zu hält sie an der Volkshochschule Vorträge zur »Chemie in Küche und Haushalt«.

1909 gelingt Haber mit der Ammoniaksynthese der Durchbruch in seinen Forschungen. Das von ihm mitentwickelte Haber-Bosch-Verfahren zur Herstellung von Ammoniak aus Stickstoff und Wasserstoff, und damit zur Herstellung von Mineraldünger, wurde zur Voraussetzung für die Ernährung eines Großteils der wachsenden Weltbevölkerung. 1918 wird ihm dafür der Nobelpreis verliehen werden. Clara schreibt, wiederum in einem Brief an Abegg: »Was Fritz in diesen acht Jahren gewonnen hat, das – und mehr – habe ich verloren, und was von mir eben übrig ist, erfüllt mich selbst mit der tiefsten Unzufriedenheit.«

Auch abgesehen vom unterschiedlichen Verlauf ihrer Karrieren treten Differenzen zutage: Er ist glühender Nationalist, sie erkennt früh die Gefahren des wilhelminischen Rüstungswahns. Er setzt alles daran, um die Arbeit des Kaiser-Wilhelm-Instituts für physikalische Chemie und Elektrochemie in Berlin, dessen erster Direktor er inzwischen ist, in den Dienst der Kriegsführung zu stellen. Sie klagt seine Arbeit öffentlich als eine »Perversion der Wissenschaft« an. Haber entwickelt für das deutsche Heer eine neue Waffe: Giftgas. Als wissenschaftlicher Berater im Kriegsministerium ist er mit Forschungen zur Synthese von Ersatzstoffen kriegswichtiger Rohstoffe befasst, der sogenannten »Kriegschemikalien« wie Salpeter und Ammoniak. Als 1915 die Fronten zwischen Deutschland und Frankreich festgefahren sind, empfiehlt er den Einsatz von Chlorgas.

In der Nähe des belgischen Ortes Ypern vergraben deutsche Truppen daraufhin an vorderster Front Tausende Stahlflaschen. Als der Wind am 22. April günstig steht, werden sie unter der Aufsicht Habers geöffnet. Eine Wolke von 150 Tonnen des am Boden kriechenden Gases wälzt sich auf einer Breite von sechs Kilometern mit einer Geschwindigkeit von einem Meter pro Sekunde durch die Landschaft. Es färbt die Blätter an den Bäumen grau, lässt Vögel tot von den Zweigen fallen und strömt in den Schützengräben in die Gasmasken, die nicht für die neue Substanz ausgelegt sind. Auf ein anfängliches Kratzen in Nase und Kehle folgen Husten und starke Atembeschwerden, bevor die englischen und französischen Soldaten Blut spucken und ersticken. 5000 von ihnen sterben. Mit dem ersten deutschen Chlorgasangriff eröffnet Haber die Geschichte der modernen C-Waffen und macht Gas zum ersten Massenvernichtungsmittel der Weltgeschichte. Wenige Tage später wird er zum Hauptmann befördert.

Fritz Haber kehrt nach Berlin zurück und lässt sich auf dem Siegesfest als Held feiern. Als die Gäste fort sind und die Familie ins Bett gegangen ist, nimmt Clara die Dienstwaffe ihres Mannes von der Garderobe, geht in den Garten vor dem Haus, gibt einen Probeschuss in die Luft ab und richtet die Pistole dann auf ihr Herz. Der 14-jährige Hermann hört den Schuss und weckt seinen Vater. Clara lebt noch zwei Stunden. Noch am selben Tag eilt Haber an die Ostfront, wo die Deutschen in den Angriffen gegen die russischen Truppen dem Chlorgas das noch wesentlich giftigere Phosgen beimischen. Insgesamt werden am Ende des Weltkrieges zwischen 78 000 und 91 000 Gastote und mehr als eine Million Vergiftete zu beklagen sein. Das an seinem Institut entwickelte Pestizid Zyklon A wird später weiterentwickelt und als Zyklon B in den Konzentrationslagern der Nazis zum Vergasen Tausender Insassen verwendet werden.

Hermann Haber wird im Zweiten Weltkrieg in die USA emigrieren und nach dem Tod seines Vaters im Jahr 1934 veranlassen, dass Claras Urne im gleichen Grab auf einem Basler Friedhof beigesetzt wird. 1946 wird Hermann ebenfalls Selbstmord begehen.

Die Abschiedsbriefe Clara Habers, geborene Immerwahr, von denen die Angestellten der Familie berichteten, wurden nie gefunden. Im Jahr nach Claras Tod schreibt Fritz Haber in der ihm eigenen Selbstgerechtigkeit in einem Brief: »Sie hat das Leben nicht mehr ertragen.«

Eine Waffe namens Ich –
Die Geschichte des Selbstmordattentats

In Tel Aviv befindet sich eine Bar, in der auch Platten verkauft und Konzerte veranstaltet werden. Sie heißt Uganda, nach einer Möglichkeit der alternativen Geschichtsschreibung: Der Kolonialsekretär von Britisch-Ostafrika bot den Zionisten unter Theodor Herzl im Jahr 1903 eine 13 000 Quadratkilometer große Fläche als Zufluchtsort für die von Pogromen in Russland verfolgten Juden an. Der Zionistenkongress lehnte das Angebot höflich ab. Wie sähe die Welt wohl heute aus, hätte man das Land Israel statt in Palästina im östlichen Afrika begründet?

Am 30. Mai 1972 töteten drei Attentäter, die mit einer Passagiermaschine aus Paris auf dem Tel Aviver Flughafen Lod eingetroffen waren, mit Maschinengewehren und Handgranaten, die sie aus Geigenkoffern zogen, 26 Menschen. Die meisten davon waren christliche Pilger aus Puerto Rico, weitere 80 wurden verletzt. Die Attentäter schossen in der Gepäckhalle ohne Rücksicht auf ihr eigenes Leben wild in die Menge. Es schien ihnen egal zu sein, ob sie lebend davonkommen würden oder nicht. Einer der drei wurde von Sicherheitsleuten erschossen, einer sprengte sich mit einer Handgranate in die Luft, der dritte wurde überwältigt und festgenommen. Ihre Namen: Yasuyuki Yasuda, Tsuyoshi Okudaira und Kōzō Okamoto von der marxistischen Organisation »Japanische Rote Armee Fraktion«. Es war der bis dahin blutigste Anschlag in Israel. Und es war keine Flugzeugentführung mehr, wie es sie zu dem Zeitpunkt schon gegeben hatte, sondern das erste Selbstmordattentat im Nahen Osten.

Drahtzieherin war die 26-jährige ehemalige Geschichts- und Volkswirtschaftsstudentin Fusako Shigenobu. Die 1945 geborene Japanerin, die nach der Schule für den Sojasoßenhersteller Kikkoman gearbeitet hatte, war schon als Kind mit radikalem Gedankengut in Berührung gekommen; ihr Vater war vor dem Zweiten Weltkrieg Mitglied einer ultranationalistischen Vereinigung namens »Liga der Blutsbrüder« gewesen. Shigenobu war in Scheinehe mit Tsuyoshi Okudaira verheiratet, einem der Attentäter von Tel Aviv, so hatte sie Japan unter anderem Namen verlassen können. Seit 1971 lebte sie unter dem Decknamen Samira in Beirut und soll dort ein Verhältnis mit dem Chef der palästinensisch-marxistischen »Volksfront für die Befreiung Palästinas« (PFLP) gehabt haben. Die von Shigenobu gegründete Gruppe wollte zusammen mit Mitgliedern der PFLP einen Weltkrieg gegen den Imperialismus entfachen. »Wenn die Imperialisten sich das Recht nehmen, Vietnamesen und Palästinenser zu töten, dann müssen wir das Recht haben, das Pentagon in die Luft zu jagen und die Imperialisten zu töten«, schrieb sie in einem offenen Brief. Die PFLP ließ verlautbaren, sie habe die Japaner von der JRA rekrutiert, und sie seien »aus Tausenden Kilometer Entfernung gekommen, um sich dem palästinensischen Volk in seinem Kampf anzuschließen«.

Das Massaker am Flughafen Lod wurde von den palästinensischen Aktivisten gefeiert. Der libysche Staatspräsident Muammar Gaddafi, zeitlebens ein erklärter Feind Israels, nutzte die Tat, um von den Palästinensern mehr Mut und echten Aufopferungsgeist in ihren Operationen zu fordern, statt sich nur als »Fedayin« – arabisch für Selbstaufopferer – darzustellen. So begann der Opfertod zum Programm zu werden. Die Geschichte ist voll von Märtyrern. Die Genealogie des Selbstmordattentats, das sich vom bloßen Selbstmord eines Einzelnen dadurch unterscheidet, dass jemand mit Hilfe seines Körpers zur Waffe gegen andere wird, reicht von Japan über Nazideutschland und Nordkorea bis in den Nahen Osten. Sie ist geprägt von Wissenstransfers, Beziehungsgeflechten und Konkurrenzkämpfen zwischen diversen Organisationen. Der Journalist Joseph Croitoru zeichnete 2006 erstmals die historische Kontinuität des Selbstmordanschlags nach, die vom Shinto-Glauben in Japan bis zum 11. September 2001 (und, so muss man heute ergänzen, den Anschlägen des »Islamischen Staats« in Europa) reicht. Croitoru beschreibt den Selbstmordattentäter, meist Muslim, als jemanden, der immer zugleich Täter und Opfer ist. »Er ist ein Werkzeug in der Hand skrupelloser Kampfstrategen, die ihn häufig schon in jugendlichem Alter rekrutieren und indoktrinieren, um sich dann auf seine Kosten zu profilieren.« Der Erfolg der Selbstmordmission werde vor allem an ihrer medialen Durchschlagskraft gemessen, die ständig an Sensationsgier zunehmenden Medien seien zum Spielball der Terroristen geworden. Wohl auch deshalb sei die Geschichte des Selbstmordattentats eng mit seiner medialen Inszenierung verbunden.

1987 übernahmen die Tamil Tigers in Sri Lanka die Strategie der Selbstmordattentäter, als sich ein Mann namens Captain Miller mit einem mit Sprengstoff beladenen Lastwagen in einem Gebäude der sri-lankischen Armee in die Luft sprengte. Über direkte und indirekte Diffusion breitete sich das Selbstmordattentat in den 1990er Jahren nach Pakistan, in die Türkei/Kurdistan und nach Tansania aus, 2000 dann nach Russland/Tschetschenien, 2001 beginnen sie Afghanistan und 2003 im Irak. Mittlerweile wurden und werden Selbstmordoperationen in 45 Ländern der Welt durchgeführt. Im Vergleich zu anderen Operationen töten Selbstmordanschläge zehnmal mehr Menschen. Zwischen 1980 und 2003 fanden weltweit 343 Selbstmordattentate statt. Seit 2004 waren es schon mehr als 2000. Die Botschaft des Selbstmordattentates richtet sich gleichzeitig nach innen wie nach außen: »Während der Feind eingeschüchtert wird, kann gleichzeitig versucht werden, die potentielle Anhängerschaft zu mobilisieren, indem man die eigene Organisation als schlagkräftig und unbesiegbar inszeniert«, so der Soziologe Lorenz Graitl. Erst wenn Ideologie – heute in den meisten Fällen die des globalen salafistischen Dschihad – auf eine Besatzungssituation (oder auf angebliche Häretiker in Kollaboration mit ausländischen Militärinterventionen) trifft, kommt es zu Selbstmordanschlägen. Es braucht einen äußeren Feind. Graitl weist darauf hin, dass der Märtyrerkult erst dann entstehen kann, »wenn eine Gruppe eine relevante Anhängerschaft erlangt und sie sich gegenüber politischen Gegnern solcher Praktiken durchsetzen kann«. Es braucht Zuhörer der Botschaft solcher Anschläge. Sie funktionieren nur, wenn es eine Kultur und Gesellschaft gibt, in denen Attentäter als Helden gelten, und eine ideologische und/oder theologische Legitimation. Benötigt werden eine Organisation, die in Suizidanschläge einwilligt, und eine ausreichende Zahl an Freiwilligen mit der Bereitschaft, zu sterben.

Seinen Ursprung hat das Selbstmordattentat im Seppuku, wie der Tod durch das Aufschlitzen des Bauchs in Japan heißt. Der hatte sich ab 1870 vom rituellen Akt zum politischen Protest gewandelt. In dieselbe Zeit fällt auch der Anfang der massenmedialen Verbreitung des eigenen Selbstopfers – nun möglich gemacht durch die Existenz von Zeitungen. Galten Abschiedsbriefe bis dahin allein dem kleinen Kreis der Hinterbliebenen, bat ein Japaner, der sich in der Zeit umbrachte, um vor der »russischen Gefahr« zu warnen, darum, dass seine Botschaft über die (Zeitungs-) Nachrichtenagenturen verbreitet wurde.

Vom Beginn des Zweiten Weltkriegs stammt die Erfindung der »Fleischgeschosse«, so nannte man japanische Soldaten, die eine Sprengladung auf dem Rücken trugen, um den Feind und sich selbst zu töten. Das erste militärische Selbstmordattentat der Geschichte wurde am 15. Oktober 1944 ausgeführt: Der Admiral Masabumi Arima stürzte sich aus eigenem Entschluss auf einen amerikanischen Flugzeugträger. Das wurde von der japanischen Armee, die seit zwei Jahren keine entscheidende Schlacht gewonnen hatte, zum Anlass genommen, spezielle Einheiten zu bilden. Mit Sprengbooten und sprengstoffbeladenen Infanteristen gelang es japanischen Tokkotai-Piloten (die nur außerhalb Japans Kamikaze heißen) im Frühling 1945 allein in gut einem Monat, 15 Schiffe der amerikanischen Streitkräfte zu versenken und 59 weitere erheblich zu beschädigen. Etwa 3300 Piloten brachen auf Missionen ohne eingeplante Rückkehr auf. In Japan, wo aus Kaisertreue und dem überlieferten Ehrenkodex der Samurai eine über Jahrhunderte gewachsene Kultur der Selbstaufopferung herrscht, die für politisch-militärische Zwecke instrumentalisiert wurde, erklärte man den Krieg gegen die Amerikaner und ihre Verbündeten zu einem »Heiligen Krieg« und die japanischen Selbstmordsoldaten zu Märtyrern, ihr Tod wurde in der Presse und in Filmaufnahmen inszeniert.

In Nazideutschland bewunderte man den Aufopferungsgeist der Japaner. Die Verehrung Hitlers ging so weit, dass die SS das Volk als »im höchsten Grade kulturschöpferisch« auf eine Stufe mit den Ariern stellte. Man importierte das japanische Gedankengut und eiferte dem Beispiel der Kamikaze in den letzten Kriegswochen nach – trotz Hitlers entschiedener Ablehnung eines »Totaleinsatzes« sogenannter Selbstopfer-Männer. Wer den Befehl gab, ist unklar, jedenfalls flogen an vier Tagen im April 1945 36 deutsche Kampfpiloten in mit Sprengstoff und Bomben beladenen Maschinen auf Todesmission. Sie zerstörten 17 Oder-Übergänge, den sowjetischen Vormarsch auf Berlin hielten sie keine Stunde lang auf. Drei Wochen vor Kriegsende wurde das Unternehmen abgebrochen.

Auch in dem von den Japanern besetzten und kolonialisierten Korea fand das japanische Beispiel Nachahmer. Während die Taktik des Selbstmordangriffs nach dem Krieg im südlichen Teil des Landes ins Reich der Geschichte verabschiedet wurde, wurde er im kommunistisch-totalitären Nachbarland im Norden zur Basis der Staatsdoktrin.

So verübten am 9. Oktober 1983 drei nordkoreanische Agenten ein Attentat auf eine hohe südkoreanische Regierungsdelegation im damaligen Burma. Der südkoreanische Präsident

Chun Doo-hwan überlebte den Anschlag. Der Außenminister und der stellvertretende Außenhandelsminister sowie 15 weitere Südkoreaner kamen ums Leben. Der Verdächtige nordkoreanische Agent Kang Min-chul und ein weiterer von insgesamt drei Angreifern versuchten, mit einer Granate Selbstmord zu verüben, überlebten und wurden verhaftet. Kang starb 2008 im Alter von 53 Jahren in einem südkoreanischen Gefängnis.

Vier Jahre später, im November 1987, deponierte der nordkoreanische Geheimdienst eine Bombe in einem südkoreanischen Passagierflugzeug, das über dem Indischen Ozean explodierte. 115 Menschen starben. Als die 25-jährige Attentäterin Kim Hyon-hui, die vor ihrer Spitzeltätigkeit Schauspielerin war, in Bahrain gefasst wurde, versuchte sie sich umzubringen. Sie gestand, dass der Anschlag im Auftrag Kim Jong-Ils andere Länder an der Teilnahme an den Olympischen Spielen in Seoul abhalten und Südkorea in Aufruhr versetzen sollte. Der andere an dem Attentat beteiligte Agent, der 69-jährige Kim Sung-Il, entging der Verhaftung durch Selbstmord. Kim Hyon-hui sitzt bis heute in südkoreanischer Haft.

Zur Zeit des Iran-Irak-Krieges zwischen 1980 und 1988 sollte Nordkorea dann auch eine wichtige Rolle im Transfer militärischen Wissens des Selbstmordangriffs in den Nahen Osten spielen. In den Trainingslagern, in denen Ruhollah Khomeini Gotteskrieger ausbilden ließ, die die islamische Revolution in die Welt tragen sollten, arbeiteten neben vietnamesischen auch nordkoreanische Militärexperten, die Revolutionsgardisten zu Todespiloten ausbildeten. Der Iran setzte »menschliche Angriffswellen« ein, Selbstmordkommandos von Kindern im Alter von 12 und 13 Jahren, die durch Minenfelder liefen, sich mit Handgranaten unter feindliche Panzer warfen und gegnerische Stellungen überrannten. Bis zu 20 000 Menschen starben täglich bei diesen Selbstmordoffensiven. Es scheint, als wurde in diesem Moment die Schwelle überschritten vom Märtyrerselbstmord zum Selbstmordattentat, bei dem der eigene Körper gezielt gegen andere eingesetzt wird. Gleichzeitig ist es recht unerheblich, ob ein Attentäter in Kauf nimmt, bei einem Massaker selbst getötet zu werden, oder sich in die Luft sprengt mit dem Ziel, möglichst viele andere Menschen zu töten. Entscheidend ist, welche Methode die wirksamere Waffe darstellt.

Zwei Jahre nach dem Attentat von Lod schien ein Kommando den japanischen Rotarmisten nachzueifern. Drei mit Sprengsätzen bewaffnete Attentäter der »Volksfront für die Befreiung Palästinas – Generalkommando« (PFLP-GC), die sich 1968 von der PFLP abgespalten hatte und mit der von Jassir Arafat angeführten Fatah konkurrierte, drangen am 11. April 1974 in die israelische Ortschaft Kirjat Schmona an der libanesischen Grenze ein. Sie töteten wahllos mehr als ein Dutzend Menschen und verschanzten sich im obersten Geschoss eines Wohnblocks, bevor sie selber bei einem Feuergefecht ums Leben kamen.

Die israelische Seite bestreitet bis heute, dass es zu einer Geiselnahme oder der Forderung gekommen sei, 100 von den Israelis gefangen gehaltene palästinensische Verdächtige freizulassen. Laut der palästinensischen Widerstandsgruppe, deren Ziel die Vertreibung der »Zionisten von palästinensischem Boden« war, handelte es sich bei dem Überfall, der das angespannte Klima zwischen Israelis und Arabern endgültig vergiften sollte, um den ersten palästinensischen Selbst-mordanschlag. Auf einer Pressekonferenz der PFLP-GC wur-de eine Tonbandaufnahme des Selbstmordattentäters Munir al-Maghrebi abgespielt, der sagte: »Freunde, wie süß ist doch der Geschmack des Todes, wenn er sich mit der Luft meines Landes vermählt.« Die Israelis antworteten bereits zwei Tage später auf den Anschlag, indem sie mit gepanzerten Wagen in sechs entlang der Grenze liegende libanesische Dörfer eindran-gen, 40 Wohnhäuser sprengten und knapp ein Dutzend Män-ner festnahmen; zwei Frauen kamen um. Bei der mehrheitlich schiitischen Bevölkerung im Südlibanon wuchs durch die is-raelischen Strafaktionen die Verbitterung genauso wie bei den zumeist Vertriebenen in den palästinensischen Flüchtlings-lagern. Spätestens mit einem weiteren Selbstmordanschlag der PFLP-GC auf den israelischen Kibbuz Schamir am 13. Juni 1974 wurde die Selbstsprengung zu so etwas wie einer Voraus-setzung für das wahre Heldentum eines Fedayi.

Die Fatah jedenfalls sah sich durch die medienwirksamen Selbstmordoperationen der PFLP und der 1969 aus der PFLP hervorgegangenen »Demokratischen Volksfront für die Befrei-ung Palästinas« (PDFLP) unter Druck gesetzt. Sie stieg ein in den Wettbewerb der Anschläge, indem sie in einer Nacht im Juni 1974 das erste Mal in der Geschichte der Selbstmord-anschläge den Seeweg nahm, um in israelisches Gebiet einzu-dringen. Die mit Sprengsätzen und Handgranaten bewaffneten Angreifer landeten mit einem Schlauchboot vor der Küste der Stadt Nahariya und drangen in einen Wohnblock ein. Israe-lische Soldaten stürmten das Gebäude, es kam zu einer Ex-plosion. Vier Zivilisten starben. Damit war das Selbstmordattentat endgültig zur anerkannten Strategie des bewaffneten palästinensischen Anschlags geworden. Noch im selben Jahr griff die Gewalt von staatlichen und militärischen Zielen über auf die zivile Bevölkerung Israels, Anschläge fanden mitten in Städten in Kinos, Bussen und Kaufhäusern statt.

Die liberale linke Tageszeitung »Haaretz« kommentierte, man habe sich nach dem Attentat von Lod im Irrtum befunden, als man dachte, es habe die Japaner gebraucht, um die Araber zu Operationen zu rekrutieren, aus denen ein »gewaltiges Maß an Grausamkeit, bodenlosem Haß und seelischer Deformiertheit« spreche. »Wie sich nun herausstellt, ist all dies bei unseren Feinden reichlich vorhanden. Nichtsdestotrotz gehört zu solchen Operationen auch Mut, denn es handelt sich hierbei um Selbstmordanschläge, bei denen die Täter nach dem Morden keine Chance haben, zu entkommen.«

Die israelische Luftwaffe vergalt die Operationen mit einem Angriff auf die Zentralen der Palästinenserorganisationen in Beirut. Erst durch die Wirren des libanesischen Bürgerkrieges setzte man die Selbstmordattentate vorerst aus. Bei einem der letzten in dieser Phase, dem »Blutbus-Anschlag« im März 1978, forderte man unter anderem die Freilassung des Japaners Kōzō Okamoto, einem der drei Attentäter des ersten Selbstmordanschlages im Nahen Osten. Dessen Drahtzieherin Fusako Shigenobu wurde erst 2000 54-jährig in Japan festgenommen. Vor Gericht, das sie zu einer 20-jährigen Haftstrafe verurteilte, ließ sie von ihrem Anwalt ein selbstgeschriebenes Gedicht in Haiku-Versen vorlesen: »Das Urteil ist nicht das Ende. Es ist erst der Anfang. Ein starker Wille wird sich weiterverbreiten.«

Wenn auch nicht Voraussetzung, ist der in der islamischen

Tradition fest verankerte Märtyrerkult doch eine wichtige Grundlage für die palästinensischen Selbstmordattentate. »Schließlich«, so Croitoru, »gingen die islamischen Märtyrer nicht, wie westliche Psychologen behaupten, in den Tod, weil sie einer Gehirnwäsche unterzogen worden seien, sondern ganz im Gegenteil würden sie lachenden Herzens und in der Gewissheit sterben, durch ihren Märtyrertod dem Ziel des Dschihad einen Schritt näher gekommen zu sein.« Im Koran lautet die vielzitierte Stelle: »Und du darfst ja nicht meinen, dass diejenigen, die um Gottes willen getötet worden sind, wirklich tot sind. Nein, sie sind lebendig im Jenseits, und ihnen wird bei ihrem Herrn himmlische Speise beschert.« Man weiß heute wenig über den Ursprung dieser Verehrung im frühmodernen Palästina. Das Ziel der Assassinen, einer schiitische Sekte der Nizari-Ismailiten, die zwischen 1090 und 1275 politische Meuchelmorde mit Dolchen verübte und auf die das Wort für »Selbstmordattentäter« in vielen Sprachen zurückgeht, war tatsächlich, einen ehrenvollen Märtyrertod zu sterben. Allerdings hatten die Assassinen das religiöse Recht des Islam abgeschafft. Es ist also nicht besonders wahrscheinlich, dass sich sunnitische Fundamentalisten ausgerechnet auf diese religiöse Splittergruppe berufen. Eine ungebrochene, jahrhundertelange historische Kontinuität oder direkten Einfluss der Assassinen auf gegenwärtige Selbstmordattentäter gibt es also nicht. Weder war es zu deren Zeit möglich, sich und viele andere binnen Sekunden zu töten, noch konnte sich die Nachricht von einem Attentat innerhalb kürzester Zeit weltweit verbreiten. Laut Graitl wäre es für die Erforschung der historischen Wurzeln des Selbstmordattentats fruchtbarer, den suizidalen Dschihad zu betrachten, der zwischen dem späten 18. Jahrhundert und 1920 in Nordsumatra, dem heutigen Indonesien, und den südlichen Philippineninseln Mindanao und Sulu stattfand.

Das Judentum hat Vorbilder für den Selbstmordkampf: den biblischen Samson, der durch den Einsturz des Philistertempels nicht nur 3000 Feinde des israelitischen Stammes Dan, sondern auch sich selbst tötete. Außerdem die heroisierten jüdischen Aufständischen von Massada, die sich mitsamt ihren Familien kollektiv umbrachten – insgesamt starben 960 Frauen, Männer und Kinder –, um den sie belagernden Römern nicht in die Hände zu fallen. Der Islam hat solche Vorbilder nicht, aber als es in den 1930er Jahren zu Aufständen gegen die britische Mandatsregierung und Übergriffen auf jüdische Siedler kam, lebte der palästinensische Märtyrerkult wieder auf.

Entscheidend war die Beisetzung des palästinensischen Geistlichen Izz ad-Din al-Qassam im November 1935. In Opposition zu einem Großteil der damaligen politischen Palästinenserführung zog al-Qassam mit einer kleinen bewaffneten Truppe durchs Land und verkündete:»Dies ist der Heilige Krieg: entweder Sieg oder Märtyrertod!« Als er von britischen Polizeikräften aufgefordert wurde, sich zu ergeben, ließ er sich lieber erschießen – und wurde über Nacht zum Volkshelden. Der Syrer, der insgesamt nur 14 Jahre in Palästina verbracht hatte, wurde zum Urbild des modernen palästinensischen Revolutionärs. Die Fatah machte ihn zum »ersten Kommandanten der palästinensischen Revolution« und transponierte seinen religiösen, sich auf Koranverse stützenden Aufruf zum Dschihad auf eine säkuläre Ebene. Das unbeschwerte Verhältnis der Muslime zum Kampf begründete sich – das zeigten bereits in den 1970er Jahren durchgeführte soziologische Studien in jordanischen Schulklassen mit zahlreichen palästinensischen Flüchtlingskindern – auf den festen Glauben, nach dem Tod ins Paradies einzugehen. Die Bereitschaft, sich aufzuopfern, stieg zudem, wenn ein naher Verwandter im Befreiungskampf gefallen war.

Nach der ersten Intifada Mitte der 1990er Jahre gewannen radikalere Organisationen an Bedeutung, wie die islamisch geprägten Gruppen Hamas und Palestinian Islamic Jihad (PIJ), die sich erst in Opposition zu der harschen und andauernden israelischen Besatzungspolitik gegründet hatten. 1992 wurden 415 Mitglieder von Hamas und PIJ in den Libanon abgeschoben, wo sie auf die Hisbollah trafen und deren Wissen über Autobomben und Selbstmordattentate übernahmen.

»Das Phänomen des Selbstmordattentats«, sagte der säkuläre israelische Araber Azmi Bishara 1995 in einem Interview mit Haaretz in seiner Empörung darüber, dass die Palästinenser nicht gegen die Anschläge aufbegehrten, »ist wohl das größte Verbrechen, das seit 1948 an uns begangen worden ist. Damals verloren die Palästinenser ihre Heimat; nun sind sie dabei, sich selbst zu verlieren.« Besonders die 1987 kurz nach dem Ausbruch der zweiten Intifada aus der Wohlfahrtseinrichtung »Al-Mudschama al-Islami« hervorgegangene islamische Widerstandsbewegung Hamas beschleunigte den Prozess der Re-Islamisierung der Bevölkerung im Gazastreifen, in deren Ideologie sich nun Nationalismus und Religion vermischen. Der Koran verbietet den Selbstmord, erlaubt aber den Tod für Gott. Das Konzept des Dschihad als Kampf für die Verteidigung des Islam wird meist so interpretiert, dass dabei das Töten von Unschuldigen und Zivilisten verboten ist, auch gibt es Fatwas wie die des saudischen Großmuftis Sheikh Abd Al-Aziz bin Abdallah Al-Sheikh, der 2001 explizit das Töten von Juden und Christen verbot. Die Hamas zum Beispiel verurteilte u. a. die Anschläge vom 11. September und die gegen Schiiten im Irak, weil sie sich um ihr Ansehen im Westen sorgt und nicht mit Al-Qaida auf eine Stufe gestellt werden will – was sie aber nicht daran hindert, durchaus als antisemitisch zu bezeichnende Dokumente herauszugeben.

Am 11. November 1982 trat die libanesisch-schiitische Kampforganisation Hisbollah dann mit einem ersten Selbstmordattentat auf das libanesische Hauptquartier der israelischen Besatzungsarmee in Tyros auf den Plan. Die libanesischen Schiiten bildeten Mitte der 1970er Jahre bereits rund ein Drittel der Bevölkerung, blieben aber benachteiligt und in der Regierung unterrepräsentiert. Zusammen mit einigen palästinensischen Fedayin zog man in den Kampf gegen den gemeinsamen Feind Israel. Wie auch schon ein Jahrzehnt zuvor im palästinensischen Fall entspann sich Mitte der 1980er Jahre im Libanon, das sich im Machtgerangel zwischen Syrien und dem Iran befand, ein regelrechter Wettstreit darum, wer die meisten und die raffinierter inszenierten Selbstmordanschläge verübte.

Effektvoll und entscheidend, was den Umgang des Westens mit Selbstmordanschlägen angeht, war der auf eine amerikanische und eine französische Kaserne im libanesischen Bürgerkrieg im Oktober 1983. Um 6.45 Uhr steuerte ein junger Mann im Auftrag des Islamic Jihad – vermutlich eine Vorläuferorganisation oder ein Alter Ego der Hisbollah – einen mit 100 Kilo

TNT beladenen Mercedes-Kleinlastwagen ungebremst in die Baracke amerikanischer Marine-Infanteristen. Nur wenige Sekunden später passierte das Gleiche in der acht Kilometer entfernten französischen Kaserne. Insgesamt starben 299 Menschen. Damit waren die Anschläge auch in den Wohnzimmern angekommen. Die Franzosen und die Amerikaner, die als Friedenssoldaten im Libanon waren, zogen ab. Die Anschläge wirken sich bis heute auf die Interventionsbereitschaft des Westens im Nahen Osten aus.

Croitoru konstatiert, »dass die in den siebziger Jahren im Libanon unterhaltenen palästinensischen Ausbildungscamps die Vorläufer der nur wenige Jahre später Islamisten aus der ganzen Welt versammelnden Camps im Iran waren, die wiederum für die in den neunziger Jahren eingerichteten Ausbildungslager der Al-Qaida Osama bin Ladens in Afghanistan Pate standen«. Und aus dem lokalen palästinensischen Kampf für eine sozialistisch gefärbte Nationalrevolution oder der Verteidigung eines muslimischen Gebiets oder Landes ist bei zunehmendem Organisationsgrad und steigender Vernichtungskraft der globalisierte Heilige Krieg gegen die Ungläubigen geworden, mit dem Ziel der islamistischen Welteroberung. Hamas und Hisbollah dagegen begreifen sich laut eigenen Aussagen inzwischen als Interessenvertreter auch der christlichen Bevölkerung in Gaza bzw. im Libanon, sie wollen weder ein Emirat noch eine islamische Republik errichten.

Die SSNP übrigens war es, die im April 1986 das erste Mal die allenthalben als besonders schön beschriebene 16-jährige Sanaa Muhaidli mit der Mission betraute, eine Autobombe neben einem israelischen Militärkonvoi explodieren zu lassen. Sie ließ die erste Selbstmordattentäterin in der Geschichte des Nahostkonflikts ihr Vermächtnis vor laufender Kamera verlesen. Es wurde noch am Abend des Anschlags im libanesischen wie syrischen Fernsehen ausgestrahlt, wo der syrische Präsident Bashar al-Assad die Schönheit und die Heldenhaftigkeit der »Braut des Südens« lobte. So kam ein neues Inszenierungsmuster von Selbstmordattentätern in die Welt. Von den insgesamt 18 Selbstmordanschlägen, die 1985 im Libanon stattfanden, wurden fünf von Frauen begangen.

In den palästinensischen Gebieten dagegen kam es erst Jahre später dazu: Im Januar 2002 starb die 28-jährige Wafa Idris, die in einem Flüchtlingscamp geboren und aufgewachsen war und zuletzt für den Roten Halbmond gearbeitet hatte, in einem Schuhgeschäft in Tel Aviv durch eine Bombe, die sich in ihrem Rucksack befunden hatte. Nicht klar war, ob sie selbst sterben oder nur die Tasche hatte abstellen wollen. Idris und ein Israeli wurden getötet, bis zu 131 weitere Menschen verletzt. Hinter der Tat standen die säkularen Al-Aksa-Brigaden, der militärische Arm der Fatah.

Kaum einen Monat später starb die 21-jährige Hamas-Aktivistin Dareen Abu Ayshe in der Nähe der Westbank-Siedlung Modiin als Einzige bei der Detonation ihrer Sprengstoffweste. Das Hamas-Oberhaupt Sheikh Yassin hatte nach dem Attentat Wafa Idris' im Januar desselben Jahres in einer Zeitung gesagt, Frauen dürften eine Märtyreroperation nur durchführen, wenn sie sich in Begleitung eines männlichen Familienangehörigen befänden. In ihrem Video erklärt Dareen Abu Ayshe nun, dass sie sich jenseits der traditionellen Rolle der Mutter, die Kinder gebiert und sie die islamischen Werte lehrt, am palästinensischen Befreiungskampf beteiligen wolle. Sie wollte als Märtyrerin sterben, missachtete die männliche Autorität und brach dafür mit den bis dahin gültigen Normen. In der Folge gaben auch die anderen islamistischen Gruppen in den palästinensischen Gebieten ihre Vorbehalte gegenüber Frauen als Selbstmordattentäterinnen auf – obwohl dafür fundamentale religiöse Hürden überschritten werden müssen. Dabei geht es ja, wie schon die Existenz männlicher Attentäter zeigt, gar nicht darum, dass der Koran den Selbstmord verbietet. Erlaubt ist er, wenn er für Gott geschieht. Gender-Stereotypen zufolge aber schenken Frauen Leben, statt es zu nehmen, sie gelten erst einmal als nicht gewalttätig. Nichtsdestotrotz war laut dem Koran nicht nur der erste islamische Märtyrer eine Frau namens Umm Haram, sondern es wurden zwischen 1985 und 2007 etwa 220 Selbstmordmissionen in Israel und den palästinensischen Gebieten von Frauen ausgeführt – nahezu 15 Prozent der Gesamtanzahl weltweit.

Aus westlicher Blickrichtung stellen sich die Dinge meist so dar: Diese unterdrückten Frauen werden dazu genötigt und gezwungen, Selbstmordanschläge zu verüben. Oder, so eine andere Erklärung: Die Attentate sind für die Frauen (wie für ihre männlichen Gegenparts auch) nur ein Weg, um das Selbstmordverbot des Islam zu umgehen und vorzeitig zu sterben. Dabei ergaben Befragungen verhinderter Selbstmordattentäter, dass nicht etwa suizidale Motive hinter ihren Taten standen, sondern Rache – und die von den Kampforganisationen versprochene finanzielle Unterstützung ihrer Familie. Neben dem Jenseitsglauben sind es bekanntlich auch die lebensunwürdigen Lebensumstände und die Armut, Wut, Enttäuschung und Verzweiflung in den besetzten Gebieten, die Menschen zu Bomben werden lassen.

Einer dritten Theorie zufolge haben sich Selbstmordattentäterinnen nach westlichem Vorbild so weit emanzipiert, dass sie an der Seite der Männer für die Befreiung Palästinas kämpfen, mit gleichen Rechten und Pflichten. Doch weder Wafa Idris noch Dareen Abu Ayshe verfolgten durch ihre Missionen feministische Ziele, auch wenn es sich zunächst vielleicht anders anhören mag. Alle drei Erklärungen scheinen wenig überzeugend – und sie übersehen, wie diese Frauen sich selbst in der arabischen Welt und Gesellschaft verorten oder innerhalb ihrer Gemeinschaft verortet werden. Viele Frauen, besonders wenn sie als das angesehen werden können, was die Politikwissenschaftlerin Dana Grinshpan»matriarchale Konservative« nennt, fühlen sich mitnichten durch ihre Religion marginalisiert. Ihre Vorstellung von weiblichem Leben entspricht nicht den Maßgaben der westlichen Welt: Statt um individuelle Freiheit geht es diesen Frauen um die Erhaltung ihrer Ehre und damit auch der ihrer Familien. Diese verwirklichen sie durch Anstand, den Erhalt ihrer Jungfräulichkeit bis zur Ehe, durch sanftmütiges Verhalten und Zurückgezogenheit von der männlichen, als korrupt geltenden Sphäre. Im palästinensischen Freiheitskampf kommt ihnen die Rolle derer zu, die zukünftige Kämpfer gebären und großziehen.

Wafa Idris war neun Jahre lang glücklich mit ihrem Cousin verheiratet gewesen. Das gemeinsame Kind hatte sie im siebten Monat ihrer Schwangerschaft verloren, ein Schock für die Familie, eine Ehrverletzung für ihren Mann. Er galt nun als unfähig, ein lebensfähiges Kind zu zeugen, und war gezwungen,

Wafa für eine andere Frau zu verlassen. Die zog zurück in ihr Elternhaus und verfiel in Depressionen. In ihrer Not und möglicherweise, um einem sogenannten Ehrenmord zu entgehen, wandte sie sich an die Fatah. Nach dem Attentat ließ die Organisation mitteilen, Wafas Martyrium habe ihre Ehre im Sinne der Rolle der palästinensischen Frau im langen Kampf um die nationale Freiheit wiederhergestellt.»In der Tat hatte ihre Familie ihren Status wiedererlangt, sie war von der finanziellen Bürde befreit, und der Anfang eines gefährlichen Trends hin zu weiblichen Terroristen war geboren«, so die Forscherin Dana Grinshpan.

Dareen Abu Ayshe war eine gehorsame Tochter und gute Studentin an der Al-Najah Universität in Nablus. Im Rahmen eines Literaturwettbewerbs schrieb sie:»Ich bin eine muslimische Frau, die daran glaubt, dass ihr Körper ihr allein gehört. Das bedeutet, dass mein Aussehen keine Rolle dabei spielt, wer ich bin oder welche Reaktion ich bei Leuten hervorrufe, die mich treffen. Das Tragen des Hijab verleiht mir Freiheit, weil meine körperliche Erscheinung kein Thema ist.« Ihre Ehrverletzung geschah an einem Checkpoint an der Grenze zu Israel. Dareen stand mit einem Begleiter, Rasheed, in der Warteschlange, als ein israelischer Soldat Rasheed zwang, Dareen auf die Wange zu küssen – im Gegenzug würde der Soldat die beiden und ein schreiendes, offenbar krankes Baby passieren lassen. Dareen weigerte sich erst, aber angesichts des Babys ging sie auf den Handel ein. Vorher jedoch riss ihr der Soldat ihren Hijab vom Kopf. Damit galt sie als entehrt. Ihre Mutter versuchte, sie mit Rasheed zu verheiraten, eine Aussicht, die Dareen mit Schrecken erfüllte. Sie entschied sich, zur Selbstmordattentäterin zu werden und die Ehre ihrer Familie auf diese Weise wiederherzustellen.

So gut wie alle weiblichen Attentäter wurden, so zeigt sich bei genauerem Hinschauen, von ihren jeweiligen Gemeinschaften ausgegrenzt. Grinshpan folgert, dass »das weibliche islamistische Selbstmordattentat eine ungewöhnliche Methode ist, um ein sehr konventionelles Ziel zu erreichen: die Aufrechterhaltung oder Wiederherstellung der weiblichen Ehre, wie sie von ihrer jeweiligen Gemeinschaft definiert wird«.

Wafa Idris, Dareen Abu Ayshe und die, die ihnen nachfolgten, galten als entehrt, ihre Teilnahme an Selbstmordmissionen basierte auf dem Status, den sie innehatten. Sie wurden verstoßen, weil sie von dem abweichen, was in ihrer Gesellschaft als angemessen weiblich gilt. Um ihre Ehre in genau derselben Gruppe von Menschen wiederzuerlangen, wichen sie ironischerweise erneut von den Standards weiblichen, ja, menschlichen Verhaltens ab und verübten Selbstmordanschläge.

Anders als Männer erwarten eine Märtyrerin – arabisch: Shahida – allerdings im Paradies nicht 72 Jungfrauen, sondern die Wiedervereinigung mit ihrem Ehemann, so sie denn einen gehabt hatte. Auch bekommen ihre Hinterbliebenen von der Organisation, in deren Auftrag die Attentäterin handelt, nur einen Teil der finanziellen Zuwendungen, die denen von männlichen Märtyrern zusteht. Ihre Ehre und damit auch die ihrer Familien ist nichtsdestotrotz restauriert.

Aus Sicht von Hamas, Fatah und Islamischem Dschihad hat es gleich zwei Vorteile, Frauen als Selbstmordattentäterinnen einzusetzen: Eben weil sie von vornherein nicht der Gewalt verdächtig sind, ziehen sie (oder zogen lange Zeit) weniger Aufmerksamkeit der israelischen Soldaten an den Checkpoints auf sich und werden deutlich seltener durchsucht. Aufgrund desselben Vorurteils ist die weltweite Medienaufmerksamkeit – der Schock, das Unverständnis und die Abscheu – ungleich höher, wenn sich eine Frau in die Luft sprengt, als wenn es ein Mann tut. Diese Vorteile überwiegen alle religiösen Vorbehalte gegenüber Frauen als Attentäterinnen.

Das stärkste Interesse des Westens am Thema Selbstmordattentat, das, wie gezeigt, weder spezifisch arabisch noch muslimisch ist, entstand nach dem 11. September 2001. »Die Selbstmordattentate von New York und Washington, aber auch die aus Israel und Palästina wurden behandelt wie Äußerungen eines fremden Kulturraums, den man gern als geringer zivilisiert diskreditierte, auch wenn die Opferbereitschaft für Staat und Ideal durchaus einen Wert westlich-christlicher Gesellschaften beschreibt«, so Roger Willemsen. Der Selbstmord wurde im Westen überfrachtet mit einer gesellschaftlichen Angst, die sich aus dem Schrecken der Anschläge speiste und die seitdem eine Art Übermetapher für eine ganze Epoche ist.

Neben Hamas, Fatah und Islamischem Dschihad wird das Geschehen mittlerweile von bewaffneten Organisationen wie der nigerianischen Boko Haram, der Al-Qaida-nahen al-Shabaab in Somalia und dem im Westen am stärksten wahrgenommenen Daesh* bestimmt, wie der »Islamische Staat« in der arabischsprachigen und frankophonen Welt genannt wird.

---

* Daesh setzt weder Muslime mit Islamisten noch eine gewalttätige Gruppe mit einem Staat gleich. Es handelt sich um ein Akronym für »Islamischer Staat im Irak und in der Levante« mit phonetischer Ähnlichkeit zu den Begriffen für »der, der etwas mit seinem Fuß zertritt« und »der, der Zwietracht sät«.

Besonders Daesh unterscheidet sich in einigen Aspekten von den bislang existierenden Organisationen.

Anders als Osama bin Ladens Al-Qaida, die die westliche Welt durch Attentate zu Fall bringen will, verfolgt der »Islamische Staat« seinem Namen gemäß von Anfang an das Ziel der Staatsgründung. Der global operierende Daesh hat die Nutzung sozialer Medien wie Facebook und Twitter mit dem englischsprachigen Onlinemagazin »Dabiq« und im Netz verbreiteten Videos auf eine neue Ebene gebracht. Vor allem aber, so eine gängige westliche Lesart, ist der Dschihad der europäischen Auslandskämpfer eine transnationale, global operierende Jugendkultur, mithilfe derer sich bestens provozieren lässt. Mehr noch: Es handelt sich um eine politische Subkultur.

32 Prozent der derzeit etwa 25 000 Männer und Frauen bei Daesh sind europäischer Abstammung. Als Elite der Miliz werden westliche Rekruten bevorzugt behandelt, sie erhalten zum Beispiel Häuser und höhere Löhne. Sie zeigen dem Westen, dass Daesh Unterstützer im »Feindesland« hat. Als die loyalsten Kämpfer kann man sie für Anschläge in Europa nutzen. Daesh lebt von der Vorstellung einer Gemeinschaft, die in Wohlstand und Frieden zusammenlebt. Dieser Dschihad lebt von der Utopie, dass er eine postmoderne Lösung für die politischen, sozialen und kulturellen Probleme des Westens biete. Das Töten und schlussendlich auch die Selbstopferung, sei es in Syrien und im Irak oder in Europa, in das sie den Krieg zurücktragen, sind die nächsten Schritte auf dem Weg zu diesem Ziel.

Wie die Taliban in Pakistan und Afghanistan, die sowohl Soldaten und Polizisten angreifen, die mit den Koalitionstruppen zusammenarbeiten, als auch Sunniten, Schiiten, Ahmadis und Sufis, richtet sich die Gewalt des Daesh gegen »die anderen« und auch Angehörige der eigenen Gruppe. Das Töten aller, die sich nicht der dschihadi-salafistischen Ideologie unterwerfen, stellt somit die weiteste Entgrenzung der Gewalt dar.

Hat man die Daesh-Miliz einmal als eine Art Jugendkultur verstanden, stellt sich die Frage, welche Drogen da eigentlich eine Rolle spielen. Was außer dem Glauben an ein Paradies im Jenseits hilft jungen Männern dabei, zum Beispiel in einen Konzertsaal zu gehen und aus nächster Nähe wahllos auf Gleichaltrige zu schießen? »Sie entwickeln eine Lust, zu kämpfen und zu töten, und schießen auf alles, was sie sehen«, sagt ein Mann, der im libanesischen Bekaa-Tal an der Grenze zu Syrien die Produktion von gefälschtem Captagon beaufsichtigt, einem auf dem Arzneistoff Fenetyllin basierenden Amphetamin-Derivat. »Manchmal schläfst du nicht für 24 oder 48 Stunden. Wenn du jemanden auf Captagon anschießt, spürt er das nicht. Und wenn jemand viele Pillen nimmt, 30 oder so, wird er gewalttätig und verrückt, paranoid, furchtlos allem gegenüber.« In dem Hotelzimmer, das die Attentäter vom 13. November 2015 in Paris gemietet hatten, fand man Hinweise darauf, dass sie sich Captagon gespritzt hatten. Überlebende hatten berichtet, die Attentäter hätten »zombiehaft« abwesend und ferngesteuert gewirkt.

Die Hisbollah im Libanon produziert die Droge seit 2006, aber seit der Krieg in Syrien begonnen hat, haben sich die Produktionszentren dorthin verlagert. Daesh nutzt Captagon, das den Slangnamen »Captain« trägt, selbst und verkauft es im gesamten Nahen Osten. Im Oktober 2015 nahm die libanesische

Polizei am Flughafen in Beirut einen saudischen Prinzen fest, der in seinem Privatjet auf dem Weg nach Hause war. Er hatte zwei Tonnen Captagon bei sich. Im Jahr 2010 landete ein Drittel des weltweit produzierten Captagons in Saudi-Arabien. 40 bis 50 Prozent der Menschen in saudischen Suchtkliniken sind wegen der Einnahme von Captagon dort. Nebenwirkungen bei Langzeitgebrauch sind Psychosen und Gehirnschäden. »Captagon bestimmt den gesamten Krieg«, sagt der Mitarbeiter der Captagonfabrik im Libanon, wo die Pillen in einer ausrangierten Maschine für das Herstellen von Schokolade produziert werden. »Das Regime, die Hisbollah und Daesh nehmen es.«

»Diese Drecksstory ist die Story von Feiglingen, die sich Heldentaten nur chemisch oder per Spritze vorstellen können. Über alle Maßen erregt mich das Anpissen von Helden.« Das schrieb Bild-Kolumnist Franz Josef Wagner im April 2004, nachdem bekannt geworden war, dass die deutsche Nationalmannschaft, die 1954 in Bern die Fußball-WM gewann, gedopt gewesen war. Dabei ist seit langem bekannt, dass im Fußball Aufputschmittel wie Pervitin (ein Methamphetamin, das heute in verunreinigter Form als Crystal Meth bekannt ist) oder Benzidrin (ein Amphetamin) genutzt wurden. Der Sportarzt der Nationalmannschaft, Dr. Franz Loogen, selbst ein ehemaliger Fußballer, injizierte den Spielern »Aufbaupräparate«, angeblich Traubenzucker und Vitamine, die man allerdings mit demselben (Pseudo-) Effekt auch hätte schlucken können. Eine Reihe von Nationalspielern erkrankte wegen nicht steriler Nadeln an Gelbsucht, zwei starben an Leberzirrhose. Der damalige Bundestrainer Sepp Herberger hatte im Zweiten Weltkrieg gute Kontakte zur Luftwaffe und hatte dafür gesorgt, dass viele Nationalspieler bei der Luftwaffenmannschaft »Rote Jäger« spielen durften, statt an die Front zu müssen. Es ist kein Geheimnis, dass die Wehrmacht ihre Soldaten in großem Stil mit Benzedrin und Pervitin dopte. So kam das Wissen um Aufputschmittel zur Leistungs- sowie Aggressivitätssteigerung und zur Überwindung von Ängsten vom Heer in den deutschen Fußball. Captagon wurde seit den 1960ern weltweit, in Deutschland bis 2003 bei ADHS und Narkolepsie verschrieben. Und als Antidepressivum, zur Verhinderung von Selbstmorden.

Unter der Glasglocke –
Schriftstellersuizide

Unter allen Berufsgruppen scheinen Autoren einen besonderen Hang zur Selbsttötung zu haben. Insofern mag Michail Bakunins Feststellung stimmen:»Die Lust der *Zerstörung* ist zugleich eine schaffende Lust.« In einem Gedicht des Schriftstellers und Diplomaten Apollonius Freiherr von Maltitz heißt es:»Auf dem wahren Künstlergange / Lebt's hienieden sich nicht lange / Trägt in sich den Todeskern / Wahre Künstler sterben gern.«

Der Selbstmörder als Figur taucht vor allem in der Literatur des 20. Jahrhunderts immer wieder als Personifikation des Künstlers oder der Künstlerin auf. An ihr lässt sich von Sensibilität erzählen, von den Nerven, der Unbürgerlichkeit und moralischer Radikalität. Der Schriftsteller hat eine dünne Haut, nicht selten kündigt er seinen gewaltsamen Tod in seinem Werk an.

Eine 1991 von amerikanischen Psychologen unternommene Studie unter 1629 Schriftstellern und Schriftstellerinnen zeigt, dass besonders Dichter, und unter ihnen wiederum Frauen, überdurchschnittlich häufig von psychischen Erkrankungen betroffen sind – ein Phänomen, das in der Forschung als»Sylvia-Plath-Effekt« bekannt ist.

Die amerikanische Schriftstellerin Sylvia Plath litt viele Jahre lang an Depressionen, die erfolglos mit Elektroschocks behandelt worden waren. 1953, im Alter von 19 Jahren, hatte sie eine harmlos klingende Nachricht hinterlassen, sich im Keller versteckt und 50 Schlaftabletten geschluckt. Sie wurde nur durch einen Zufall gefunden und überlebte entgegen aller Wahrscheinlichkeit. In den Folgejahren machte sie den Selbstmordversuch zum Thema sowohl vieler ihrer Gedichte als auch ihres einzigen, halbautobiographischen Romans »Die Glasglocke«.

Zehn Jahre später, im kalten Winter 1963, stand sie gegen sechs Uhr morgens auf, stellte ihren beiden Kindern Butterbrote und Milch hin, ging in die Küche, wo sie die Türen und Fenster, so gut es ging, abdichtete, erneut Schlafmittel schluckte und den Kopf in den Backofen legte.

Das australische Au-pair-Mädchen, das ihr eine Arbeitsvermittlung geschickt hatte, erreichte Plaths Wohnung um neun Uhr. Es klopfte, aber auch der alte Nachbar, der unter Plath lebte, war durch das Gas bewusstlos geworden und hörte nichts. Als ein paar Bauarbeiter das Au-pair-Mädchen zwei Stunden später ins Treppenhaus ließen, roch es das Gas, das unter der Wohnungstür durchdrang und schlug Alarm. Auf der Notiz, die Plath hinterlassen hatte, stand, man solle ihren Arzt anrufen, und dessen Nummer. Den Brief sieht der englische Schriftsteller und Literaturkritiker Al Alvarez, der mit Plath befreundet war, als deutlichen Hinweis darauf an, dass es sich bei der Tat lediglich um einen Hilfeschrei handeln sollte und dass sie alles Mögliche getan hatte, um den Suizid misslingen zu lassen. Alvarez schrieb später über Plath: »Sie schien den Tod als eine körperliche Herausforderung zu sehen, die sie erneut überwinden musste.«

Eine weitere Studie bestätigt, dass Dichterinnen signifikant häufiger an psychischen Krankheiten leiden als etwa Künstlerinnen, Schauspielerinnen oder Politikerinnen – oder andersherum: dass Frauen mit einem Hang zu psychischen Erkrankungen öfter Lyrikerinnen werden.»Frauen, die schreiben, leben gefährlich. Sie leben vor allem in der Regel sehr kurz, und wenn es doch ein längeres Leben wird, dann manchmal eines in Einsamkeit und Elend, und am Ende stand oft auch noch das völlige Vergessen«, lautet das niederschmetternde Fazit der Schriftstellerin Elke Heidenreich.

Basierend auf ihren Erfahrungen mit einer als Krankheitsbild damals noch unbekannten postnatalen Depression, schrieb die amerikanische Schriftstellerin und feministische Aktivistin Charlotte Perkins Gilman im Jahr 1890 die Kurzgeschichte »Die gelbe Tapete«. Darin beschreibt Gilman, wie eine namenlose Frau von ihren Depressionen geheilt werden soll. Ihr Mann ist Arzt und verschreibt ihr eine Liegekur und Diät, ohne Besuch und intellektuelle Betätigung. Eingeschlossen in dem Zimmer, in dem sie nur heimlich Tagebuch schreiben kann und ansonsten zum Nichtstun verdammt ist, betrachtet sie tagelang das Tapetenmuster. Dessen Linien »begehen plötzlich Selbstmord – tauchen in haarsträubenden Winkeln ab, zerstören sich in unerhörten Widersprüchen«. Die Frau wird über drei Monate hinweg langsam verrückt. Der Erfinder der Liegekur, die Mitte des 19. Jahrhunderts zur Behandlung von Hysterie und Neurasthenie, der »reizbaren Schwäche«, eingesetzt wurde, war Silas Weir Mitchell. Mitchell, auch bekannt als »Dr. Diet and Dr. Quiet«, war Charlotte Perkin Gilmans Arzt. Der verantwortliche Redakteur beim »Atlantic Monthly« lehnte einen Abdruck der Geschichte mit den

Worten ab: »Ich könnte es mir nicht verzeihen, wenn ich andere so unglücklich machen würde, wie ich mich gemacht habe!« »Die gelbe Tapete« erschien schließlich Anfang 1892 im »New England Magazine«. Perkins Gilman schickte die Geschichte, im Aufbegehren gegen die paternalistische Medizin ihrer Zeit, an Weir Mitchell, um ihn dazu zu bewegen, seine Methode zu überdenken. Sie bekam nie eine Antwort. Auch Virginia Woolf sollte mit Weir Mitchells Methode von ihrer Depression geheilt werden. In ihrem 1925 erschienenen Roman »Mrs Dalloway« lässt sie den inkompetenten Nervendoktor Sir William Bradshaw auftauchen, der Menschen, die mit Selbstmord drohen, »Bettruhe verordnet; Ruhe in Einsamkeit; Stille und Ruhe; Ruhe ohne Freunde, ohne Bücher, ohne Botschaften; sechs Monate Ruhe; bis ein Mensch, der bei der Einlieferung fünfundvierzig Kilo gewogen hat, bei der Entlassung fünfundsiebzig wiegt.«, so Woolf.

Der texanische Psychologieprofessor James Pennebaker untersuchte im Jahr 2001 zusammen mit der Studentin Shannon Wiltsey Stirman Gedichte von u. a. Sylvia Plath, Anne Sexton und Wladimir Majakowski. Die Forscher stellten fest, dass Autoren, die sich umgebracht hatten, im Vergleich zu anderen häufiger »ich«, »mir« und »mich« schrieben und selten »wir« und »unsere« – ein Hinweis auf Gefühle wie Isolation und Identitätssuche. Besonders der übermäßige Gebrauch des Wortes »ich« weist demnach auf Depressionen und suizidale Tendenzen hin. Referenzen zu anderen Menschen verschwinden fast völlig aus dem Werk.

Eine unvollständige Liste von Schriftstellersuiziden, denen selbstverständlich nicht in jedem Fall Depression, Schizophrenie oder bipolare Störungen zugrunde liegen, sondern die auch aufgrund von Liebeskummer, der politischen Verhältnisse oder einer körperlichen Krankheit geschahen:

John Clerk (Alter unbekannt) – 1552 durch Erhängen

Charles Blount (39) – im August 1693 an den Folgen einer selbst zugefügten Armwunde (einen Kopfschuss hatte er zuvor überlebt)

Johann Robeck (etwa 63 Jahre alt) – 1735 durch Ertrinken

Thomas Chatterton (17) – am 25. August 1770 durch Arsen

Nicolas Chamfort (54) – am 13. April 1794 an den Folgen eines missglückten Erschießungs- und Erstechungsversuches

Karoline von Günderrode (26) – am 26. Juli 1806 durch Erdolchen

Heinrich von Kleist (34) – am 21. November 1811 durch Erschießen (zuvor erschoss er seine Freundin Henriette Vogel)

Charlotte Stieglitz (28) – am 29. Dezember 1834 durch Erdolchen

Gérard de Nerval (46) – am 26. Januar 1855 durch Erhängen mit einem Schürzenband

Adalbert Stifter (62) – am 28. Januar 1868 durch einen Schnitt durch die Kehle

Adam Lindsay Gordon (36) – am 24. Juni 1870 durch Erschießen

Philipp Mainländer (eigentlich Philipp Batz) (34) – am 1. April 1876 durch Erhängen, zwei weitere seiner fünf Geschwister sollten später ebenfalls Selbstmord begehen.

Constance F. Woolson (54) – am 24. Januar 1894 durch einen Sprung aus dem Fenster

José Asunción Silva (30) – am 23. Mai 1986 durch einen Schuss ins Herz

Otto Weininger (23) – am 4. Oktober 1903 durch Erschießen (in Ludwig van Beethovens Sterbehaus in Wien)

Georg Trakl (27) – am 3. November 1914 durch eine Überdosis Kokain

Sergej Alexandrowitsch Jessenin (30) – am 28. Dezember 1925 durch Öffnen der Pulsadern und Erhängen mit dem Gürtel eines Bademantels

Akutagawa Ryūnosuke (25) – am 24. Juli 1927 durch eine Überdosis Schlafmittel (zwei Sorten)

Charlotte Mew (58) – am 24. März 1928 durch das Trinken von Desinfektionsmittel

Wladimir Majakowski (36) – am 14. April 1930 durch einen Schuss ins Herz

Vachel Lindsay (52) – am 5. Dezember 1931 durch das Trinken einer Flasche des Desinfektionsmittels Lysol

Sara Teasdale (48, die Geliebte Vachel Lindsays) – am 29. Januar 1933 durch eine Überdosis Schlaftabletten

René Crevel (34) – am 18. Juni 1935 durch Gas

Charlotte Perkins Gilman (75) – am 17. August 1935 durch das Inhalieren von Chloroform

Kurt Tucholsky (45) – am 21. Dezember 1935 durch eine Überdosis Schlaftabletten (umstritten)

Štefan Lux (47) – am 3. Juli 1936 durch einen Schuss in die Brust (vor den Augen der Generalversammlung des Völkerbundes in Genf. Er protestierte damit gegen die Judenverfolgung im Deutschen Reich.)

Egon Friedell (50) – am 16. März 1938 in Wien durch einen Sprung aus dem Fenster seiner Wohnung. Passanten rief er zu: »Treten Sie zur Seite!«

Ernst Toller (35) – am 22. Mai 1939 durch Erhängen

Walter Hasenclever (49) – am 21. Juni 1940 durch eine Überdosis des Schlafmittels Veronal

Walter Benjamin (48) – am 26. September 1940 durch eine Überdosis Morphium

Virginia Woolf (59) – am 28. März 1941 durch Ertrinken

Stefan Zweig (60) – am 22. Februar 1942 durch eine Überdosis Veronal (gemeinsam mit seiner zweiten Frau Lotte Altmann)

Pierre Drieu la Rochelle (53) – am 16. März 1945 durch eine Überdosis Barbiturate und Gas

Klaus Mann (42) – am 21. Mai 1949 durch eine Überdosis Schlaftabletten

Cesare Pavese (41) – am 27. August 1950 durch Barbiturate

Ernest Hemingway (61) – am 2. Juli 1961 durch Erschießen (auch Hemingways Vater, seine Schwester, sein Bruder, sein Sohn und eine seiner Enkelinnen brachten sich um)

Sylvia Plath (30) – am 11. Februar 1963 durch eine Kohlenmonoxidvergiftung

Pamela Moore (26) – am 7. Juni 1964 durch Erschießen

Michel Bernanos (41) – am 27. Juli 1964 Todesursache unbekannt

Konrad Bayer (31) – am 10. Oktober 1964 durch Gas

Randall Jarrell (51) – am 14. Oktober 1965 durch einen Crash mit dem Auto

Paul Celan (49) – am 20. April 1970 durch Ertrinken

Unica Zürn (54) – am 19. Oktober 1970 durch einen Fenstersturz

Mishima Yukio (45) – am 25. November 1970 durch Seppuku, also das Aufschlitzen des Bauches. Anschließend ließ er sich enthaupten.

John Berryman (57) – am 7. Januar 1972 durch einen Brückensprung

Huguette Gaulin (28) – am 6. Juni 1972 durch Selbstverbrennung

Anne Sexton (45) – am 4. Oktober 1974 durch eine Kohlenmonoxidvergiftung mit Autoabgasen

Henry de Montherlant (77) – am 21. September 1972 durch das gleichzeitige Zerbeißen einer Zyankalikapsel und Erschießen

Michael Mann (57) – am 1. Januar 1977 durch eine Mischung aus Alkohol und Barbituraten

Jean Améry (65) – am 17. Oktober 1978 durch eine Überdosis Schlaftabletten

Richard Brautigan (49) – vermutlich am 16. September 1984 durch Erschießen

Marta Lynch (eigentlich Marta Lía Frigerio, 60) – am 8. Oktober 1985 durch Erschießen

Primo Levi (67) – am 11. April 1987 durch einen Sprung aus dem dritten Stock ins Erdgeschoss seines Treppenhauses (umstritten, möglicherweise ein Unfall)

Hermann Burger (46) – am 28. Februar 1989 durch eine Überdosis Medikamente

Sándor Márai (88) – am 22. Februar 1989 durch Erschießen

Werner Schwab (35) – am 1. Januar 1994 durch eine Alkoholvergiftung (4,1 Promille)

Guy Debord (62) – am 30. November 1994 durch einen Schuss ins Herz

Gilles Deleuze (70) – am 4. November 1995 durch einen Fenstersturz

Adelheid Duvanel (60) – am 8. Juli 1996 durch eine Überdosis Schlaftabletten

Sarah Kane (28) – am 20. Februar 1999 durch Erhängen

James Hatfield (43) – am 18. Juli 2001 durch eine Überdosis Medikamente

Spalding Gray (62) – am 11. Januar 2004 durch Ertrinken, wahrscheinlich nachdem er von der Staten-Island-Fähre ins Wasser gesprungen war

Tristan Egolf (33) – am 7. Mai 2005 durch Erschießen

David Foster Wallace (46) – am 12. September 2008 durch Erhängen

Marc Fischer (40) – am 2. April 2011 durch einen Fenstersprung

Wolfgang Herrndorf (48) – am 26. August 2013 durch Erschießen

Erich Loest (87) – am 12. September 2013 durch einen Sprung aus dem Fenster seines Krankenhauszimmers

Fritz J. Raddatz (83) – am 26. Februar 2015 durch begleiteten Suizid, also ein hochdosiertes Barbiturat

Durch das Himmelstor –
Sektenselbstmorde

An einem Nachmittag im Mai fassen sich auf einem Bahnhof in Tokio 54 Schulmädchen, die eben noch plappernd und lachend auf dem Bahnsteig gestanden hatten, bei den Händen und springen, als der Zug einfährt, ins Gleisbett. Die Drahtzieher der Selbstmordepidemie in dem ziemlich schlechten japanischen Film »Suicide Club« von 2002 sind, so zeigt sich am Ende: Kinder. Deren Mission es ist, die Leute von ihrer Selbstentfremdung zu heilen.

Hinter den zwei Massensuiziden der jüngeren Geschichte standen dagegen zwei als ausnehmend charismatisch beschriebene Männer: der ehemalige Methodistenpfarrer James Warren Jones, der mehr als 900 Angehörige seines »Peoples Temple« zum Selbstmord trieb, und Marshall Herff Applewhite, der mit 38 Anhängern seiner »Heaven's Gate«-Sekte in den Tod ging.

Von James »Jim« Jones, der 1931 im Örtchen Crete in Indiana geboren wurde, träumte seine Mutter, eine Fabrikarbeiterin, eines Nachts, dass er ein Messias sei, der alles Unglück auf der Welt zurechtrücken werde. Dermaßen idealisiert, gleichzeitig aber von seinen Eltern vernachlässigt, entwickelte der Einzelgänger früh eine Neigung zum Predigen. Struktur sollte sein Leben erst in der Kirche der Nazarener und später in der Pfingstbewegung bekommen.

Noch in der Schule begann Jones, sich in deutlicher Abgrenzung zu seinem Vater für Rassengleichheit einzusetzen. Bei seiner Arbeit als Pfleger in einem Krankenhaus lernte er die vier Jahre ältere Krankenschwester Marceline Baldwin kennen, die er 1949 heiratete. Im darauffolgenden Jahr übernahm Jones mit gerade einmal 19 Jahren eine Pfarrstelle in der methodistischen Gemeinschaft, wo er sich für die Bürgerrechte und Rassenintegration engagierte und sich deswegen von Seiten der Konservativen der Kirche offenen Anfeindungen ausgesetzt sah.

1956 dann gründete er in Indianapolis seine eigene Kirche, den »Peoples Temple of the Disciples of Christ«. Sie sollte seinen Traum von einer utopischen Gemeinschaft verwirklichen, ohne Unterschiede zwischen den Ethnien, ohne Gewalt und Hass. Seine Lehre war eine Mischung aus Sozialismus und christlichem Erlösungsglauben, unter anderem mit Elementen der Lehre Karl Marx', Martin Luther Kings, Josef Stalins und Fidel Castros. In Sachen Integration ging Jones mit gutem Beispiel voran und adoptierte zusammen mit seiner Frau sieben Kinder unterschiedlichster Herkunft.

Seine Kirche zog vor allem Outcasts an, benachteiligte und desorientierte Menschen. Der Großteil davon waren Schwarze, darunter viele Ältere, die er von der Gemeinde betreuen ließ und denen er im Gegenzug erst 20 Prozent ihrer Rente, später dann all ihren Besitz abnahm.

Nachdem Jones in einem Artikel im Magazin »Esquire« gelesen hatte, dass das im kalifornischen Redwood Valley gelegene Städtchen Ukiah einer von weltweit neun Orten sei, die einen Atomangriff unbeschadet überstehen würden, zog er 1965 mit 150 Anhängern an die Westküste. Durch Missions-Bustouren

durchs ganze Land, mit Hilfe kostenloser Gesundheitstest,
Kinderbetreuung und Mahlzeiten rekrutierte der Peoples Temple weitere Jünger; während der Gottesdienste fanden getürkte
Wunderheilungen von Blinden und Lahmen statt.

Jones' Reden kreisten dagegen zunehmend um das Thema
Sexualität; 1973 wurde er vorübergehend festgenommen, angeblich weil er einen Undercover-Polizisten zum Sex in einem
Park verleiten wollte. Als ehemalige Sektenangehörige mit Vorwürfen über Drogenexzesse, sexuellen Missbrauch und das
Schwängern weiblicher Kirchenmitglieder an die Öffentlichkeit gingen, zog der Peoples Temple 1977 nach Südamerika.
Im Dschungel von Guyana gründete man Jonestown, eine von
der Umgebung und jeglichen Kommunikationskanälen abgeschnittene Kommune, in der nur wenig später 1100 Menschen
lebten.

Fotos aus der Zeit zeigen Schwarze und Weiße zusammen
auf dem Feld, beim abendlichen Singen, ihre Kinder beim gemeinsamen Spielen und Lernen. Aber die Templer mussten an
sieben Tagen der Woche elf Stunden lang arbeiten, in regelmäßig stattfindenden »White Nights« testete Jones die Treue
seiner Jünger, indem er sie – angeblich als Mutprobe – angeblich vergiftete Cocktails trinken ließ. Jones selbst wurde zunehmend paranoid und behauptete unter anderem, die amerikanische Regierung wolle den Tempel zerstören. Jünger, die
Jonestown verlassen wollten, bezichtigte er des Verrats. Seine
stundenlangen Durchsagen über das Lautsprechersystem der
Siedlung wurden immer wirrer. Er behauptete, er sei die Wiederverkörperung von, unter anderen, Lenin und Christus.

Nachdem sich besorgte Angehörige von Sektenmitgliedern

an den Kongressabgeordneten Leo Ryan gewandt hatten, entschloss sich dieser, nach Guyana zu fliegen. Nachdem man in Jonestown mit dem Gedanken gespielt hatte, Ryan nicht hereinzulassen oder ihn bei seiner Ankunft zu ermorden, bereitete man ihm und einem mitgereisten Fernsehteam am Abend des 17. November 1978 mit Musik und Gesängen einen freundlichen Empfang und führte die Besucher durch die Siedlung. Die zeigten sich beeindruckt von der aus dem Dschungelboden gestampften kleinen Stadt und ihren scheinbar glücklichen Bewohnern. Misstrauisch wurden sie erst, als ihnen zwei Mitglieder des Tempels einen Zettel mit der Aufschrift »Holt uns hier raus« zusteckten. Insgesamt fanden sich 16 Leute, die Jonestown zusammen mit Ryan verlassen wollten. Damit konfrontiert, behauptete Jim Jones, sie könnten das jederzeit tun.

Die Gruppe fuhr zum Rollfeld, wo sie die dort geparkte Cessna besteigen wollte. Vier treue Sektenanhänger, die ihnen gefolgt waren, eröffneten das Feuer auf Leo Ryan und die drei mitgereisten Journalisten und töteten sie sowie eine Bewohnerin der Kommune.

Währenddessen rief Jim Jones die Peoples Templer über die Lautsprecher zusammen und ließ die Siedlung von bewaffneten Wachen abriegeln. Er hielt eine seiner Reden, in der er sagte: »Wenn wir nicht in Frieden leben können, dann lasst uns in Frieden sterben«, »Der Tod ist wie ein Übertritt in eine andere Ebene« und »Das ist kein Selbstmord, sondern ein revolutionärer Akt aus Protest gegen die menschliche Welt«. Seine Helfer lösten Zyankali und Beruhigungsmittel in »Kool-Aid«-Limonade auf. Die Erwachsenen flößten das Gemisch erst den 276 anwesenden Kindern ein und tranken es schließlich selbst.

Die meisten der 908 Vergifteten fand man mit den Gesichtern im Gras liegend. Fünf Templer konnten in den Dschungel fliehen. Jim Jones starb durch einen Kopfschuss, Ob er sich umbrachte oder getötet wurde, konnte nie zweifelsfrei geklärt werden.

19 Jahre nach dem Jonestown-Massaker, wie es heute genannt wird, an drei Tagen Ende März 1997, brachten sich 39 Mitglieder der Sekte »Heaven's Gate« um. Ihr Anführer war der ehemalige Kirchenmusiker Marshall Herff Applewhite, ein freundlich aussehender Mann mit rundem Kopf und lebendigen Augen, die kaum jemals zu blinzeln schienen. Der Sohn eines presbyterianischen Wanderpfarrers hatte während eines Klinikaufenthaltes zur »Heilung« seiner homosexuellen Tendenzen im Jahr 1972 die Krankenschwester Bonnie Lu Nettles getroffen. Nettles hatte sich zu dem Zeitpunkt bereits mit Astrologie und Theosophie beschäftigt, sie hatte die Schriften Helena Blavatskys und R. D. Laings gelesen. Applewhite seinerseits war bewandert in den Science-Fiction-Werken von Robert A. Heinlein und Arthur C. Clarke. Applewhite und Nettles entschieden, dass sie sich aus einem früheren Leben kennen mussten, sie gab ihm einen Crashkurs in Metaphysik, und zusammen bauten sie sich aus frühchristlichen Vorstellungen, Esoterik- und Science-Fiction-Elementen ihren Glauben, mit dem sie die Menschheit zu erleuchten trachteten. Sie sahen sich als die Verkünder der Apokalypse, Repräsentanten der »nächsten Ebene«.

Das war es auch, was sie 1975 einer Gruppe von 80 Leuten erzählten, die sie in Studio City im Haus von Joan Culpepper versammelt hatten, der örtlichen Anführerin der spiritistischen

Szene in diesem Teil von Los Angeles. Am Ende ihrer Ansprache sagten sie zu den Anwesenden: »Wenn ihr uns folgt, müsst ihr alles machen, was wir von euch verlangen. Das schließt ein, dass ihr euren Besitz aufgebt, eure Familien und euch selbst.« Nahezu ein Drittel des Publikums tat genau das und machte sich kurze Zeit später gemeinsam mit »Bo und Peep« oder »Guinea und Pig«, wie Applewhite und Nettles sich inzwischen nannten, auf den Weg, um weitere Anhänger zu gewinnen.

Einen Namen hatte die Gruppe zu dem Zeitpunkt noch nicht, nichtsdestotrotz gewann sie noch im selben Jahr 20 neue Mitglieder. Während DO und TI, wie sich Applewhite und Nettles in Anlehnung an die Tonsilben schließlich nennen ließen, mit 300 000 Dollar aus dem Treuhandfonds eines ihrer Anhänger durch die Lande zogen, gingen je zwei ihrer Jünger zusammen auf asketische, reinigende Reisen, während deren sie in Zelten schlafen und um Essen betteln mussten.

DO und TI waren, das hatten sie irgendwann entschieden, außerirdische Abgesandte eines anderen, der Menschenwelt übergeordneten Levels. DO war vom gleichen außerirdischen Geist beseelt wie Jesus, TI war sein Vater, Gott. Indem sie erst allen Besitz und schließlich auch ihre fleischlichen Hüllen oder, wie sie sagten, »Vehikel« hinter sich ließen, würden sie zusammen mit ihren Jüngern in den Weltraum aufsteigen und mit Gott leben.

TI starb 1985 an Leberkrebs, aber unter ihrer astralen Leitung führte DO seine Suche nach dem »höheren Ort« weiter. Die Gruppe nannte sich inzwischen »Heaven's Gate« und war organisiert wie ein Mönchsorden. Ihren Besitz hatten sie ja schon aufgegeben; außerdem verpflichteten sich die Mitglieder, auf Sex zu verzichten – acht der Männer, inklusive Applewhite, ließen sich in Mexiko kastrieren, damit ihnen das leichter gelänge, und Männer wie Frauen schnitten sich die Haare kurz. Geld verdiente die Gruppe unter dem Firmennamen »Higher Source« mit dem Programmieren von Websites. »Planet Erde wird recycelt«, sagte Applewhite und meinte damit, dass die Erde gereinigt werden würde. Nur wer sie rechtzeitig verließ, würde überleben. »Die wahre Bedeutung von Selbstmord besteht für uns darin, sich der nächsten Ebene zu öffnen, wenn sie sich anbietet.« Bote und Transportmittel zu dieser nächsten Ebene war für ihn der 1996 entdeckte Komet Hale-Bopp, in dessen Schweif, wie er glaubte, ein Raumschiff auf die Erde zusteuerte. Noch im Oktober desselben Jahres bezogen Applewhite und 38 seiner Anhänger – 21 Frauen und 17 Männer zwischen 26 und 72 Jahren – eine Villa in Rancho Santa Fe in der Nähe des südkalifornischen San Diego.

Unmittelbar vor ihrer Reise in den Weltraum unternahm die Gruppe einen letzten Ausflug nach Las Vegas. Die Ausgaben dafür wurden akribisch im Haushaltsbuch verzeichnet: 2661 Dollar gaben die Mitglieder für Tickets zu einer Show des »Cirque du Soleil« aus, 58,91 Dollar gewannen sie an Spielautomaten, irgendjemand fand 2,28 Dollar auf der Straße. Am Freitag, dem 21. März, der Nacht, in der Hale-Bopp der Erde am nächsten sein würde, bestellten sie in einer Filiale der Restaurantkette Marie Callender's in Carlsbad 39 Portionen Salat, 39 Truthahn-Pies und 39 Stück Blaubeer-Käsekuchen.

Bis auf eines nahm jedes Mitglied eine kurze Videobotschaft auf. Jeweils zu zweit sitzen sie darin auf der Terrasse des Hauses, hinter ihnen sind eine Wiese, Bäume und ein Stück Himmel zu sehen. Alle sind bemerkenswert guter Laune, lächelnd sagen sie Dinge wie:»Das ist die Antwort auf alles« oder»Ich hätte keine bessere Wahl treffen können«. Thomas Nichols (der Bruder von Nichelle Nichols, die Ende der 60er Jahre in »Star Trek« Lieutenant Uhura gespielt hatte) sagte:»Ich bin der glücklichste Mensch der Welt.«

Am 23. März begann man mit der Umsetzung des stufenweisen Gruppenselbstmordes (im Verständnis der Mitglieder von Heaven's Gate jedoch lediglich ein Hintersichlassen der Vehikel), wie ihn ein von der Gruppe aufgesetztes Schriftstück namens»The Routine« beschrieb: Alle zogen identische Outfits an: fabrikneue schwarze Nike-Schuhe, schwarze Hosen und schwarze Hemden mit selbstgemachten dreieckigen Aufnähern, auf denen»Heaven's Gate Away Team« stand –»Außenteam«. Die ersten 15 Mitglieder nahmen das Schlafmittel Phenobarbital zusammen mit Apfelkompott und Pudding und spülten alles mit Wodka hinunter. Sie legten sich in ihre Betten, Gesicht nach oben, und acht designierte Helfer zogen ihnen erst weiße Plastiktüten über den Kopf. Nachdem sie erstickt waren, wurden die Tüten entfernt und die Toten mit lilafarbenen Tüchern bedeckt. Am nächsten Tag vollzogen 15 weitere Jünger dieselbe Prozedur, wiederum assistiert von acht Helfern. Zwei wurden noch mit Plastiktüten auf den Köpfen gefunden.

In seinen Taschen hatte jeder Einzelne eine 5-Dollar-Note und drei Vierteldollar, außerdem Lippenbalsam, Stifte und Gesichtstücher. Neben den Betten standen gepackte Reisetaschen.

Ein Mitglied von Heaven's Gate, Rio Di Angelo, blieb gemäß einer Absprache mit Applewhite am Leben – diese Anweisung hatte dieser telepathisch von der »nächsten Ebene« erhalten –, um die Lehre der Sekte weiterzuverbreiten. Di Angelo veröffentlichte 2002 ein zweiminütiges Video, das er gedreht hatte, nachdem er am 27. März ein Paket mit einer Presseerklärung und den Abschiedsnachrichten erhalten hatte. In dem Video geht Di Angelo von Raum zu Raum, filmt hinein, in jedem liegen die schon verwesenden Toten unter ihren Leichentüchern. Ab und zu zoomt er ein Detail heran; eine Brille, die ordentlich zusammengefaltet neben ihrem Besitzer liegt, oder Blut, das der oder die Erstickende gespuckt haben muss und das durch den lilafarbenen Stoff gesickert ist. Nachdem er zu Ende gefilmt hatte, informierte Di Angelo die Polizei.

Anders als im Fall des Peoples Temple waren die Mitglieder von Heaven's Gate jederzeit frei, die Gruppe zu verlassen, und manche taten das auch. Ein früher Aussteiger, der 13 Jahre seines Lebens mit Applewhite verbracht hatte, sagte 2007 in einem Interview: »Wir mussten uns nicht um eine Familie, Steuern oder Rechnungen kümmern. Wir waren sicher. Wir mochten die Regeln nicht, die in der Welt herrschten, also schafften wir uns unsere eigenen. Es war Utopia.« Drei andere ehemalige Heaven's Gater, die die Gruppe kurz vor dem Übertritt ins »nächste Level« verlassen hatten, brachten sich in den Tagen und Wochen, in denen der Gruppensuizid der Sekte die Nachrichten beherrschte, um. Um keinen Preis wollten sie ihre Chance verpassen, durch das Himmelstor zu gehen.

Die Website von Heaven's Gate ist bis heute aktiv.

Berufsrisiko –
In der Werkstatt der Welt

Im Spätfrühling des Jahres 2010 wurden zwischen den Gebäuden des sogenannten Campus der südostchinesischen Stadt Shenzhen Netze von drei Millionen Quadratmeter Fläche aufgehängt. Man richtete eine 24-Stunden-Notfall-Hotline ein, Mönche liefen durch die Straßen und vollführten religiöse Rituale.

Bis dahin hatten sich allein in jenem Jahr zwölf Menschen im Alter zwischen 17 und 28 von den Dächern der Gebäude gestürzt. Die »Netze mit liebendem Herzen« waren dafür da, andere, die es ihnen gleichtun wollten, aufzufangen. Die Hotline sollte ihnen psychologische Betreuung zur Bewältigung von »Stress« und »persönlichen Problemen« angedeihen lassen. Die Mönche befreiten das Gelände von den Seelen der Toten und diese von Leid und Unglück.

Der »Campus« ist eine 2,3 Quadratkilometer große Produktionsstätte, unterteilt in elf Zonen namens A bis K, eine umzäunte Stadt in der Stadt mit 10 000 Bewohnern, die in Schlafgebäuden leben. Vor ihren Toren haben 50 000 weitere jeden verfügbaren Raum gemietet. 300 000 Arbeiter kommen jeden Tag in die Fabrikhallen, es gibt Banken, Krankenhäuser, Supermärkte, ein eigenes Fernsehnetzwerk und eine eigene Feuerwehr.

In »Foxconn City« leben die Menschen, die in den Fabriken

des gleichnamigen taiwanesischen Elektronikzulieferers arbeiten. Lange hießen die »Leute von Foxconn« wörtlich übersetzt die »wohlhabenden« oder »gesunden« Menschen. Bis sich der 25-jährige Sun Danyong, der nach seinem Abschluss am Harbin Institute of Technology in der nordöstlichen Provinz Heilongjiang in die Sonderwirtschaftszone Shenzhen gekommen war, um für Foxconn zu arbeiten, im Sommer 2009 aus dem 12. Stock seines Wohngebäudes stürzte. In seinem letzten Online-Chat mit einem Freund hatte Sun geschrieben: »Morgen nicht mehr schikaniert zu werden, nicht mehr der Sündenbock zu sein – da fühle ich mich besser.« Er war beschuldigt worden, einen von vier Prototypen der vierten Apple-iPhone-Generation verloren zu haben.

Foxconn ist der weltweit größte Auftragshersteller von Elektronikartikeln. Seine Produktpalette umfasst »6 Cs«: computers, communications equipment, consumer products, cars, channels – damit sind Computerprodukte wie Festplatten gemeint – und content wie E-Book-Soft- und Hardware. Foxconn hält 25 000 Patente.

Firmen wie Apple kaufen bei dem Ende der 1980er Jahre von Terry Gou gegründeten Unternehmen die Fertigung ihrer Produkte ein, im Jahr 2011 ging mehr als die Hälfte der globalen Gesamteinnahmen im Bereich der Elektronikherstellung auf Foxconn zurück. 85 Prozent von Foxconns 1,3 Millionen Angestellten sind chinesische Wanderarbeiter, zumeist gut ausgebildete junge Menschen, die vom verarmten und abgelegenen Land ins Perlflussdelta in der Provinz Guangdong kommen, um in der »Werkstatt der Welt« Geld zu verdienen. Foxconn unterbietet seine Konkurrenz, was den Preis, die Liefergeschwindigkeit und die Qualität seiner Produkte angeht. Die Fließbänder laufen 24 Stunden am Tag.

Den Druck seiner Auftraggeber gibt Foxconn direkt an die Angestellten weiter. Im Mai 2010 bekamen die 450 000 Produktionsarbeiter für eine 40-Stunden-Woche monatlich 132 Dollar ausgezahlt. Ein veröffentlichter Gehaltszettel eines Arbeiters weist neben diesem Grundlohn für einen Arbeitsmonat von 21,75 Tagen zusätzlich 136 Überstunden aus, 100 mehr als der erlaubte Maximalwert. 60 Prozent seine Lohns kamen durch diese Überstunden zustande.

Das Mindesteinkommen variiert in China von Stadt zu Stadt. Während der weltweiten Finanzkrise fror es die Regierung ein, bevor es 2010 in einigen Städten um bis zu 30 Prozent erhöht wurde. Bei Foxconn übernimmt die Firma Unterkunft und Verpflegung der Arbeiter, anders wären die 13-Stunden-Schichten und die Sechs- bis Sieben-Tage-Wochen noch weniger zu bewältigen. Würdevoll leben oder eine Familie gründen kann so niemand – geschweige denn Geld an die Familie im Heimatdorf schicken. Aus Scham können sie nicht nach Hause zurückkehren, sie leben in sozialer Isolation.

Die chinesischen Wanderarbeiter haben keine funktionierende Gewerkschaft, das Führungspersonal und die 1000 Sicherheitsleute auf dem Firmengelände führen Leibesvisitationen durch. Es ist verboten, MP3-Player oder Mobiltelefone mit aufs Gelände zu nehmen. Angestellte, die über Foxconn-Telefone versuchten, die Polizei zu erreichen, wurden direkt mit dem Sicherheitsdienst des Konzerns verbunden. Physische und verbale Gewalt scheinen zum System zu gehören.

Foxconn macht derzeit einen Umsatz von jährlich 132 Milliarden US-Dollar. Apple, das wertvollste Unternehmen der Welt, verdient an jedem produzierten iPhone 50 Prozent des Verkaufspreises. Die Lieferbetriebe bekommen zwei Prozent. Der chinesische Staat sieht keine Notwendigkeit, gegen die Ausbeutung seiner Bürger durch ein ausländisches, in diesem Fall taiwanesisches, Unternehmen vorzugehen. Von anderen Städten erhält Foxconn Finanzpakete – etwa eine um 10 Prozent ermäßigte Einkommensteuer –, damit es seine Produktion ins Landesinnere und in den billigeren Norden verlagert. Die von den Selbstmorden schließlich erzwungene Lohnverdopplung traf Foxconn daher nicht besonders.

Am 24. Mai, nach dem zehnten Selbstmord in jenem Jahr, meldete sich Terry Gou zu Wort, Foxconns Gründer und CEO. »Wir betreiben sicherlich keinen Sweatshop«, sagte er. Und: »Wir sind zuversichtlich, dass wir die Lage stabiliesieren können werden.« Vorher hatte er Psychologen bestellt, die feststellten, dass die Selbstmordrate auf dem Campus unter der landesweiten Rate von 20 pro 100 000 Einwohnern lag.

Im August veranstaltete der Konzern ein Fest, das die Stimmung unter den Angestellten heben sollte. Der Betrieb stellte rosafarbene T-Shirts mit dem Aufdruck: »I love Foxconn« zur Verfügung. Man sang gemeinsam Firmenslogans.

»Man kann die Selbstmorde der Foxconn-Angestellten als einen Protest gegen ein globales Arbeitsmarktregime interpretieren, in dem China an vorderster Front steht«, schreiben Pun Ngai und Jenny Chan in einer 2010 erschienenen Untersuchung.

»Vielleicht«, schrieb ein Foxconn-Mitarbeiter in seinem Blog, nachdem der zwölfte von 18 Arbeitern einen Selbstmordversuch unternommen hatte, »liegt der Sinn des Todes einfach darin, zu beweisen, dass wir überhaupt gelebt haben und dass wir, während wir lebten, nichts hatten als Hoffnungslosigkeit.« Die Zahl der Toten ist inzwischen auf mindestens 24 gestiegen, von manchen wurden nicht einmal die Namen bekannt.

Apple versprach, den Arbeitsschutz gegen Staub, Chemikalien und andere Gesundheitsgefahren zu verbessern, die wöchentliche Arbeitszeit wurde von 80 auf 60 Stunden verringert – was immer noch 11 Stunden über der nach chinesischen Gesetzen erlaubten Grenze liegt.

Neben Apple lassen sich auch Firmen wie Samsung, Motorola, Sony, HP, Microsoft und Panasonic von Foxconn beliefern. Bei der Konkurrenz soll die Lage nicht besser sein.

Unkrautvernichter: Der lange Tod Isabella Blows

Am Morgen des 6. Mai 2007 erhielt der Kunsthändler Detmar Blow einen Anruf seiner Schwägerin, die ihm mitteilte, dass seine Frau, die Moderedakteurin und Stylistin Isabella Blow, einen Selbstmordversuch mit Unkrautvernichter unternommen hatte. In den vergangenen 14 Monaten hatte er bereits ein halbes Dutzend Anrufe dieser Art erhalten, aber dieser hatte die Qualität eines Déjà-vu. Detmars Vater hatte 1977 eine Flasche des Giftes Paraquat getrunken, es hatte ihn innerhalb einer halben Stunde innerlich verbrannt.

Die Suche nach der Antwort auf die Frage, warum Isabella Blow sterben wollte, führt laut ihrem Witwer zurück in Issies Kindheit, zur Beziehung mit ihren Eltern und zu dem, was Detmar »das große, das zentrale Trauma ihres Lebens« nennt. Detmar Blow erzählt die Geschichte wie folgt: Am 12. September 1964 ertrank Issies zweieinhalbjähriger Bruder Johnny im Garten des Familienhauses. Issie, damals fünf, war es, die auf ihn aufpassen sollte. Es gibt zwei widerstreitende Versionen der Ereignisse dieses Tages. Issie selbst erzählte Detmar an dem Tag, als die beiden sich im Jahr 1988 auf einer Hochzeit trafen, sie war 29, er 24 Jahre alt, diese: Johnny war hinter einen Ball hergerannt und in den Swimmingpool gefallen. Den Pool hatte ihr Vater zur Feier der guten Ernte in diesem Jahr gebaut. Johnny hatte Wasser verschluckt, eine halbverdaute Portion gebackene Bohnen erbrochen und war daran erstickt. Während all dessen war Issies Mutter Helen Broughton in ihrem Zimmer und legte Lippenstift auf. Damit erklärte sich Issie ihre lebenslange Obsession für rot geschminkte Lippen. Issie erzählte, sie erinnere sich deutlich an den süßlichen Geruch des Gartengeißblattes, das im Garten wuchs. Und an den Anblick ihres toten Bruders auf dem Rasen.

Den Lippenstift-Teil der Geschichte, die Issie stets bereitwillig auf Dinnerpartys und in Interviews zum Besten gab, bezeichnete ihre Mutter als »schreckliche, unzutreffende Lüge«. Issies Stiefmutter erzählte den ganzen Vorfall (den sie allerdings lediglich von den Schilderungen von Issies Vater Evelyn Delves Broughton kennt; die beiden heirateten zehn Jahre später) folgendermaßen: Helen war ins Haus gegangen. Aber nicht etwa, um sich die Lippen zu schminken, sondern um irgendetwas zu holen. Sie hatte Issie gebeten, ein Auge auf Johnny zu haben. Was diese auch getan hatte, bis jemand, der gerade zufällig am Haus vorbeigekommen war, sie ans Gartentor gerufen hatte. Während Issie nicht hinschaute, erstickte Johnny an einem Stück Keks und fiel dann in einen kleinen Tümpel.

Welche Version auch stimmt[*]: Erstaunlich ist, mit welchen schauermärchenhaft düsteren Elementen Issie die ihre ausstat-

---

[*] Der zwei Tage später in der Zeitung »The Times« erschienene Artikel über das Unglück erzählt wiederum eine andere Geschichte. Laut dem auf der damaligen Befragung der Broughtons beruhenden Bericht hatten sie Freunde zum Tee eingeladen. Die anwesenden Kinder hatten in einer Ecke des Gartens gespielt, als Johnny sich erst verschluckte, sich dann übergab und schließlich im kaum einen halben Meter tiefen Pool ertrank – oder erst ausrutschte und ins Wasser fiel und aufgrund des Schocks über den Fall erbrach und ertrank.

tete: die herz- und verantwortungslose Mutter, der Junge, der im als Symbol der Freude gebauten Pool ertrinkt, der süße Geruch einer Pflanze mit nektarreichen Blüten und giftigen Früchten. (Einer Pflanze die, nebenbei bemerkt, lediglich von Mai bis Juli blüht, zum Zeitpunkt des Unglücks im September ihren Duft also gar nicht verströmt haben kann.)»Wenn ich mich daran erinnere, wie Issie dieses entsetzliche, ihre Kindheit bestimmende Ereignis erzählte«, so Detmar Blow,»ist es mir unmöglich, zu übersehen, auf welchen Grundpfeilern Issie ihren persönlichen Lebensmythos und ihre dunkle Ästhetik aufbaute.«

Isabella hasste ihre Mutter. Sie schaute auf sie, die Tochter eines Gemüsehändlers, herab; aufgrund dieses bürgerlichen Hintergrunds hielt Issie sie für unerträglich vulgär. Und doch kam es einer Katastrophe gleich, als sie 1974 während eines Mittagessens in ihrem Mädcheninternat in Berkshire einen Brief ihrer Eltern erhielt, in dem diese ihre Scheidung verkündeten. Von da an wurde das Mädchen, das von ihren Lehrerinnen wiederholt »kleiner Sonnenschein« genannt worden war und das die glücklichsten Jahre seines Lebens an der Schule verbracht hatte, zusehends launisch und theatralisch.»In Heathfield sollte Issie fortan keine Heiterkeitspreise mehr gewinnen. Ihre Welt explodierte.« In dieser Zeit entwickelte sie ihre Tendenz zum Melodrama.

Als Helen ihren Mann Evelyn wenig später endgültig verließ, ließ sie ihre drei Töchter Issie, Julia und Lavinia sich vor dem Haus aufstellen und gab ihnen nacheinander zum Abschied die Hand.»Dieser abscheuliche Akt«, schreibt Detmar Blow, »war der Kulminationspunkt einer wahrlich grausamen Mutter-Tochter-Beziehung«.

Wenige Monate später zog Evelyns neue Frau Rona ins Haus der Familie ein. Issie beschrieb sie, mit der sie von da an um Evelyns Liebe konkurrierte, einmal als »die Kreatur, die mein Vater in einem Bus in Hongkong traf«. Rona machte Issies, Julias und Lavinias Schlafzimmer zu denen ihrer drei Töchter aus erster Ehe. Issie und ihre Schwestern sollten fortan im Gästeflügel des Hauses wohnen, »über der Garage«, wie sie sagte. »Das war der Moment, in dem Isabella begann, sich wurzel- und heimatlos zu fühlen«, schreibt Detmar Blow. »Dieser Dämon sollte sich zu einer obsessiven Angst davor entwickeln, dass sie als Obdachlose enden würde – eine Vorstellung, die sie für den Rest ihres Leben verfolgen und zu ihrem Selbstmord beitragen würde, trotz der Tatsache, dass wir zum Zeitpunkt ihres Todes nicht nur nicht obdachlos waren, sondern eine Wohnung am Eaton Square besaßen und außerdem Hilles bewohnten, den wunderbaren Familiensitz der Blows in Gloucestershire, zu dem tausend Morgen Land gehören.« Es half nicht, dass Evelyn ihr und ihren Schwestern, als er 1993 starb, lediglich jeweils 5000 Pfund hinterließ. Der Rest des Sechs-Millionen-Vermögens ging an seine Frau.

Hinzu kam, dass ihre Stiefschwestern extrem gutaussehend waren, während Isabella davon überzeugt war, ihr Gesicht sei ausgesprochen hässlich. Sie hatte vorstehende, in ihren Worten »Alberne Mähdrescher«-Zähne und bezichtigte ihre Eltern der Boshaftigkeit, weil sie kein Geld investierten, um sie begradigen zu lassen. »Der Hass, den sie auf ihr Gesicht empfand, war ein weiterer Dämon, den Issie ihr Leben lang mit sich herumschleppte.«

Isabella, schreibt Detmar Blow, wollte immer Kinder haben.

In der Beziehung mit dem jungen Unternehmer Nicholas Edward Taylor, den sie 1981 mit 22 Jahren geheiratet hatte, wurde sie zweimal schwanger. Einmal entschied sie sich, das Kind nicht zu bekommen, das andere Mal verlor sie es schon früh in der Schwangerschaft. Wahrscheinlich ließ sie noch mehrere Abtreibungen vornehmen, denn später gestand sie einer Freundin, dass sie die Operationen bereute. Ungefähr zur gleichen Zeit erkrankte sie an Morbus Crohn. Infolge dieser Entzündung des Verdauungstraktes wurden Teile ihrer Eingeweide entfernt. Als sie Detmar Blow heiratete, ließ sie sich ärztlich untersuchen und sagte ihrem Mann, mit ihrer Gesundheit sei alles in Ordnung. »Aber sie ging nicht ins Detail, und ich spürte, dass sie immer quälende Zweifel hatte, was ihre Fruchtbarkeit anging, trotz der schönen Babysachen, die sie kaufte und in unseren Schränken aufbewahrte, für den glücklichen Tag, der niemals kommen sollte«, so Detmar Blow.

Tragödien waren in Issies Familie, deren Landadelswurzeln bis ins Jahr 1660 zurückreichten, nichts Neues. Ihr Großvater, Sir Henry Jock Delves Broughton, der es in den 20 Jahren davor geschafft hatte, das Familienvermögen von heute 70 Millionen Pfund durchzubringen, hatte sich 1942 in einem Liverpooler Hotel eine Überdosis Morphin gespritzt. Er war des Mordes an einem Aristokraten angeklagt worden, der in Kenia eine Affäre mit Delves Broughtons wunderschöner, 30 Jahre jüngerer zweiter Frau gehabt hatte. (Das Buch »White Mischief« und der auf ihm basierende Film gleichen Namens – deutscher Titel: »Die letzten Tage in Kenya« – von 1987 handeln von der Geschichte.) Jock wurde zwar freigesprochen, sein Ruf aber war zerstört. Sein Selbstmord wurde von einigen als posthumes Geständnis gewertet. Issie jedenfalls glaubte, dass sie die Depression ihres Großvaters geerbt habe.

Nach zwei Jahren, die sie als Hausfrau in Texas verbracht hatte, ging Isabella nach New York, um chinesische Kunst zu studieren. Sie arbeitete in einem Coffeeshop, aber der Musiker Bryan Ferry, der Mann ihrer Freundin Lucy, konnte nicht mit ansehen, wie sie dort ihr Talent verschwendete, und vermittelte ihr ein Vorstellungsgespräch bei der »Vogue«.

Fortan arbeitete Issie bei der amerikanischen Ausgabe des Magazins, erst als Assistentin von Chefredakteurin Anna Wintour, dann für den Moderedakteur André Leon Talley. Jeden Tag tauchte sie dort mit den extravagantesten Outfits auf, stets sah sie mehr danach aus, als sei sie auf dem Weg zu einer Cocktailparty statt ins Büro. Ihren Schreibtisch putzte sie jeden Abend mit französischem Mineralwasser und ein paar Spritzern Chanel No. 5 – nicht ohne sich die Haare vorher im Stil einer 50er-Jahre-Hausfrau mit einem geblümten Band zusammengebunden zu haben. Nachdem sie von Talley gefeuert worden war, weil sie zwei Wochen lang nicht in der Redaktion aufgetaucht (und stattdessen zur Jagd nach England gefahren) war, fing sie beim Gesellschaftsmagazin »Tatler« in London an. Mit 26 Jahren war sie »Associate Style Editor« und jeden Monat für eine vierseitig Modestrecke verantwortlich. Für ihre erste namens »Place Your Pets« fotografierte sie Models gemeinsam mit einem gemieteten Affen, einer mexikanischen Vogelspinne und einem Papagei. Bis heute sind ihre Spesenrechnungen legendär. Sie ist verantwortlich für den höchsten Einzelbetrag, der im Verlag Condé Nast je auf einer Abrechnung auftauchte. Der Buchungstext lautete: »Just £ 50 000 for a very small ruin which was really a must.«Nachdem sie Anfang 1990 auch beim »Tatler« rausflog, wurde sie Contributing Editor bei der britischen »Vogue«, arbeitete als freie Stylistin und wurde 1997 Fashion Director der »Sunday Times« (bis ihr auch dort gekündigt wurde, wegen Budgetkürzungen im Verlag) und schließlich Fashion Director beim »Tatler«. Nebenbei entdeckte sie Models wie Stella Tennant und Sophie Dahl, vor allem aber den Hutmacher Philip Treacy und die jungen Modedesigner Jeremy Scott, Julian Mcdonald und Alexander McQueen, verhalf ihnen allen zu steilen Karrieren und wurde so schließlich selbst so etwas wie eine Berühmtheit.

Im Alter zwischen 17 und 27 war Isabella bekannt dafür, auf Partys, Dinners – und auf der Trauerfeier ihres Freundes Andy Warhol – ihre Brüste zu zeigen. »In der Rückschau ist es klar, dass die manische Depression sehr früh Teil ihres Lebens war«, so Blow. »Nacktheit und sexuelle Enthemmtheit – wie sie sich in ihren Stripteases zeigten – sind zum Beispiel klassische Symptome der Manie.« Aber sie mochte es ebenso, wenn andere wildes Verhalten an den Tag legten. Der Fotograf Dan Lepard musste an dem Abend, bevor er das erste Mal mit ihr zusammenarbeiten sollte, vollkommen betrunken aus dem »Ritz« getragen werden. Am nächsten Morgen kam er im »Vogue«-Büro an, schlimm verkatert und mit Resten von Erbrochenem im Haar. Issie sagte zu ihm: »Allein auf Basis dessen, was ich hier sehe, werde ich mit dir arbeiten.«

Am Tag ihres Kennenlernens, als Issie Detmar vom Tod ihres kleinen Bruders erzählte, weihte er sie auch in sein Kindheitstrauma ein: Als er 14 war, im Jahr 1977, hatte sein Vater im örtlichen Farmbedarfsgeschäft eine Flasche des Unkrautvernichters Paraquat gekauft. Wieder in Hilles, dem Familiensitz, angekommen, trank er erst einen halben Liter Milch, gewissermaßen um seinen Magen auszukleiden, und nahm dann das Gift zu sich. Detmars 12-jähriger Bruder Amaury, der als Einziger zu Hause war, versuchte den Vater per Mund-zu-Mund-Beatmung wiederzubeleben. Er musste gewaltsam von der Leiche weggezogen werden. Amaury erzählte, dass der Vater mit im Schmerz geballten Fäusten gestorben war. Bereits als junger Mann hatte Blow einmal versucht zu sterben, indem er den Kopf in den Backofen gesteckt hatte; in den 1960er Jahren hatte er sich die Pulsadern aufgeschlitzt. In den Jahren vor seinem Selbstmord hatte er an schweren Depressionen gelitten, die er mit starkem Alkoholkonsum zu behandeln versucht hatte.

Isabella und Detmar verliebten sich an diesem Tag ineinander, und sie machte noch am selben Abend mit ihrem damaligen Freund Schluss. Gut zwei Wochen später sagte Blow zu ihr: »Ich möchte keine Affäre mit dir haben. Ich möchte dich heiraten.« Sie sagte ja. Eine weitere Woche später zog sie bei ihm ein.

Zwei Jahre später schlug der »Fluch der Delves Broughtons« erneut zu, wie Detmar es formuliert. Einen Tag, nachdem er und Evelyn, die beide am 2. Oktober geboren wurden, gemeinsam und im Kreise von Evelyns Frau, Isabella und ihren Schwestern ihren 74. bzw. 26. Geburtstag gefeiert hatten.

Der Mann von Issies jüngster Schwester Lavinia war von einem Termin beim Zahnarzt auf dem Weg nach Hause, als er seinen Wagen wegen Überhitzung auf dem Standstreifen der Autobahn abstellen musste. Während er auf den Abschleppdienst wartete, steuerte ein Fernfahrer, der am Steuer eingeschlafen war, seinen Lkw in das parkende Auto. Douglas Gerald Dawes war sofort tot.

Detmar hatte aufgrund seiner eigenen Kindheit (junge, an ihren drei Kindern uninteressierte Mutter, depressiver Vater, der sich umbrachte, als der Älteste gerade in der Pubertät war) kein Bedürfnis, sich fortzupflanzen. Issie jedoch schon. In den Jahren nach ihrer Hochzeit unternahm sie mehrere erfolglose In-vitro-Fertilisationen. »Wir sind wie zwei exotische Früchte, die sich nicht miteinander fortpflanzen können.«

Um die Jahrtausendwende herum begannen Isabella und Detmar auseinanderzudriften. Ihre bipolare Störung ließ sie nachts immer seltener nach Hause kommen.

Seine Mutter ließ sie zugunsten von Detmars Schwester und ihrer Familie aus Hilles hinauswerfen, dem Familiensitz der Blows, den Issie von einer zugigen Bruchbude in eines der prächtigsten Landhäuser Englands verwandelt hatte – neben der Mode ihre wahre Obsession. »Und das war der Anfang vom Ende für Isabella«, so ihr langjähriger Freund Philip Treacy. Ende 2003 trennten sie sich, und Detmar reichte die Scheidung ein. Ein halbes Jahr später brachte Alexander McQueen Issie in eine private Nervenklinik in Roehampton. Nachdem sie entlassen wurde, sagte ihr Psychiater zu Detmar: »Nach dem, was Issie mir erzählt hat, glaube ich, dass Sie der Schlüssel zu ihrem Wohlergehen sind. Würden Sie in Erwägung ziehen, sich mit ihr zu versöhnen?« So kamen sie wieder zusammen.

Währenddessen zeigte sich ihre Krankheit in ihrem zunehmend unnachvollziehbaren Verhalten: Weil sie sich angesichts ihrer hohen Ausgaben für Kleider, Schuhe, Kunst, Reisen und Restaurants von Armut bedroht sah, bat sie beim »Tatler« um eine 100-prozentige Gehaltserhöhung, nur um sich am nächsten Morgen von drei Angestellten eines Juweliers ein Dutzend Schmuckstücke zeigen zu lassen und ein Paar Ohrringe zum Preis von 15 000 Pfund zu kaufen.

Kurz darauf begann sie, neben der großen Menge an Medikamenten, die sie mittlerweile nahm, eine Elektroschocktherapie, die ihr einstweilen zu helfen schien. Ende 2005 aber hörte sie aus Frust über ausbleibende Fortschritte auf, zu ihrem Psychotherapeuten zu gehen, und fing an, offen und in großer Detailfülle über ihren Todeswunsch zu sprechen. Erneut ließ sie sich in eine Klinik einweisen. Nach der Hälfte der Zeit verließ sie die Anstalt und nahm eine Überdosis. Sie wurde gefunden, man pumpte ihr den Magen aus. Nachdem er sie im Krankenhaus besucht hatte, rief Detmar seine Mutter an.»Wir haben beide Menschen geheiratet, die sich umbringen wollen. Aber ich werde es Issie nicht leicht machen.«

Sie checkte in eine andere Klinik ein. Aber nur zwei Wochen später bestellte sie sich auf Condé-Nast-Kosten ein Taxi und fuhr ins 320 Kilometer entfernte Cheshire, wo sie an ihrem Familiengrab Blumen niederlegte. Sie nahm sich ein Zimmer in einem Hotel und schluckte, den Selbstmord ihres Großvaters nachahmend, eine größere Menge Paracetamol. Dann rief sie ihren Freund, den Hutmacher Philip Treacy, an und erzählte ihm, dass sie versucht habe, sich umzubringen. Ihren Aufenthaltsort verriet sie nicht, aber Treacy gelang es, den Taxifahrer ausfindig zu machen, der eine sichtlich verwirrte Frau Hunderte Kilometer weit gefahren hatte. Man brach ihr Zimmer auf, und ihr wurde der Magen ausgepumpt. Am nächsten Tag war sie zurück in der Klinik.

Weitere zwei Wochen später verbrachte sie das Wochenende mit Detmar in Hilles. Eines Abends, Detmar war in seinem Zimmer, nahm sie sein Auto und fuhr damit auf einen Lastwagen der Supermarktkette Tesco auf.

Drei Wochen später fuhr sie nach London, wo sie eine Freundin zum Tee traf. Auf dem Rückweg ließ sie sich an der Schnellstraße absetzen und sprang von einer Überführung. Sie zog sich so komplizierte Fußbrüche zu, dass ihr Metall in die Knöchel eingesetzt werden musste. Issie sagte, nun, da sie nie wieder High Heels tragen könne, habe sie keinen Grund mehr zu leben. Besucher bat sie, ihr wahlweise Heroin, Beruhigungsmittel für Pferde oder eine Pistole mitzubringen.

Nachdem zwei private Kliniken versagt hatten, ließ Detmar Issie in eine staatliche Einrichtung einweisen. Issie schenkte Detmar Ted Hughes' Gedichtband »Birthday Letters«, in dem es auch darum geht, dass er für den Suizid seiner Frau Sylvia Plath verantwortlich gemacht wurde. »Dieses Gefühl kenne ich sehr gut«, so Detmar.

Als sich ihr Zustand im Juli 2006 immer noch nicht gebessert hatte, wurde sie in eine weitere, diesmal wieder private Klinik transferiert, wo Dr. Stephen Pereira sie behandelte – derselbe Arzt, der sich später auch Alexander McQueens annahm. Sie wurde unter ständige Beobachtung gestellt, bekam Medikamente gegen ihre Depression und wurde mit Elektroschocks behandelt. Besuchern – darunter der Schauspieler Rupert Everett und »Vogue«-Chefin Anna Wintour – erzählte sie in allen Details, wie sie sich ihren geglückten Selbstmord vorstellte.

Nach ihrer Entlassung reiste sie mehrmals beruflich nach

Indien. Weil sie sich in einer manischen Phase befand und sich gut fühlte, hielt sie es nicht für nötig, die medikamentöse Behandlung weiterzuführen. Über Neujahr nahm sie am Strand in Goa eine weitere Überdosis. Zurück in England, unterzog sie sich erneut halbherzig einer Behandlung.

Im Februar 2007 wurden zwei junge Fotografen, mit denen Issie geplant hatte, für ein Shooting zusammenzuarbeiten, vom Auftraggeber durch einen anderen Fotografen ersetzt. Issie unternahm den sechsten Selbstmordversuch innerhalb von weniger als zwei Jahren. Bei der Nachuntersuchung entdeckte man eine verdächtige Wucherung in ihrer Gebärmutter. Man empfahl ihr, eine Hysterektomie vornehmen zu lassen – ein Vorschlag, den sie unter keinen Umständen akzeptieren wollte. Sie erzählte weder Detmar noch ihrer Schwester Julia von dem Befund. Mitte März 2007 nahm die Polizei sie in Gewahrsam, weil sie sich stundenlang an einer ruhigen Stelle des Bahnhofes in Croydon aufgehalten hatte und sich mit Plänen trug, sich wie Anna Karenina vor einen Zug zu werfen.

Die Operation wenige Wochen später ergab, dass es sich bei der Wucherung tatsächlich um Gebärmutterhalskrebs handelte. Die Heilungschancen bei einer Hysterektomie betragen 94 Prozent, aber Issie, obwohl ohnehin zu alt, um noch Kinder zu bekommen, lehnte sie kategorisch ab. So blieb nur Chemotherapie. Nachdem sie versucht hatte, aus dem Auto zu springen, das ihre Schwester fuhr, wurde sie erneut eingewiesen. »Detmar«, sagte sie. »Ich will nur sterben. Bringst du mich bitte um?«

Ihren letzten öffentlichen Auftritt hatte sie am 29. April bei einem »Vanity-Fair«-Shooting britischer Mode-Ikonen. Sie war als Jeanne d'Arc verkleidet. Auf dem Heimweg kaufte sie den Unkrautvernichter, der sie am 7. Mai 2007 schließlich tötete.

Jugendselbstmorde

Der Historiker Plutarch, der von 48 bis 120 nach Christus lebte, berichtet in seinen »Moralia« von einer rätselhaften Epidemie. In der kleinasiatischen Stadt Milet, die sich auf dem Gebiet der heutigen Türkei befand, war unter jungen Frauen eine Todessehnsucht ausgebrochen. »Die Worte und Tränen der Eltern und das Zureden der Freunde halfen nichts, sie täuschten sogar bei ihrem Selbstmorde alle Wachsamkeit und Schlauheit der Wächter«, schreibt Plutarch. Die Mädchen erhängten sich – und das, obwohl der Tod durch den Strick im antiken Griechenland die unehrenhafteste Art war, zu sterben. Es galt als unästhetisch und entwürdigend. Selbstmörder machten sich im alten Griechenland nicht strafbar, aber sie verletzten ihre Pflichten gegenüber der Polis.

Zeitgenossen Plutarchs führten die Epidemie auf die krankhafte Beschaffenheit der Luft oder den verzögerten Eintritt der Periode bei Jungfrauen zurück, der Arzt und Psychologe Johann Christian Reil sprach 1803 von »einer Art von Schwärmerey, in der sie ihre Glückseligkeit fanden«. Der »Spiegel« lieferte 1963 eine »moderne Erklärung der jungfräulichen Sterbelust: Pubertätskrise«. Der Schriftsteller Jeffrey Eugenides siedelte das Elternhaus der fünf sich nacheinander umbringenden Protagonistinnen seines 1993 erschienenen Romans »The Virgin Suicides« in einem Vorort von Detroit an. Die strengen Straßen- und Häuserzeilen der Stadt basieren auf dem Vorbild des

Architekten Hippodamus, der das zerstörte Milet im 5. Jahrhundert vor unserer Zeitrechnung neu aufgebaut hatte.

Die Öffentlichkeit erschrickt wohl von allen Selbstmorden am meisten über die von Jugendlichen. Der eines Pärchen im Jahr 1969 hatte einen politischen Hintergrund: Joan Fox und Craig Badiali brachten sich für den Weltfrieden um. Die beiden 17-Jährigen hatten am 15. Oktober 1969 im nahen Glassboro, New Jersey, an einer Friedensdemonstration im Rahmen des weltweiten »Moratoriums für das Ende des Krieges in Vietnam« teilgenommen. Auf dem Weg zurück in ihre Heimatstadt Blackwood, wo sie an der Highland Regional Highschool Cheerleaderin und er der Vorsitzende der Theatergruppe war, hielten sie in dem Örtchen Gloucester an einer unbefestigten Straße, brachten einen Schlauch zwischen dem Auspuff und einem in den Karosserieboden gebohrten Loch an und starteten den Motor. In den zwei Dutzend Abschiedsbriefen an ihre Familien und Freunde hieß es: »Es scheint so, als seien die Leute nur vom Tod berührt.« Craig schrieb: »Mein Leben ist komplett, nur sind alle meine Brüder in Schwierigkeiten – Krieg, Armut, Hunger, Feindseligkeit. Meine Aufgabe ist, Sie alle diese Probleme verstehen zu lassen.« Laut der Polizei, waren sie unglücklich darüber, dass die Menschen sich nicht liebten, damit, wie die Dinge in der Welt standen und dass viele der Demonstranten in Glassboro das Ganze als einen Spaß verstanden hätten. Joan und Craig waren das, was man in einer Typologie der Protestsuizide als »verzweifelte Altruisten« bezeichnet: Politische Motive vermischten sich mit jugendlicher Verzagtheit zu einem Appell an die internationale Öffentlichkeit.

Treten Jugendsuizide in Wellen auf, erscheinen sie oft so unverständlich, dass sie mit dem Begriff »Mode« zu fassen versucht werden, als handele es sich um eine besonders kecke, aus Erwachsenensicht lächerliche Kopfbedeckung. Der »Werthereffekt« heißt so, weil die Veröffentlichung von Johann Wolfgang von Goethes Briefroman »Die Leiden des jungen Werthers« im Jahr 1774 in mehreren Ländern ganze Selbstmordwellen unter jungen Lesern auslöste. Sie erschossen sich wie Goethes liebeskranker Protagonist. Der wiederum war vom Selbstmord des Wetzlarer Juristen Karl Wilhelm Jerusalem inspiriert, der sich wegen einer unglücklichen Liebe am 29. Oktober 1772 25-jährig durch einen Schuss getötet hatte. Gegenwärtig ist Suizid unter den 15- bis 29-Jährigen weltweit die zweithäufigste Todesursache.

Im Königreich Preußen verzeichnete die Statistik um die Wende vom 19. zum 20. Jahrhundert im Durchschnitt wöchentlich einen Schülerselbstmord. Laut den Akten geht mehr als ein Drittel der Fälle auf »Furcht vor Bestrafung wegen Schulvergehen oder wegen mangelnden Schulerfolges« zurück. Eine Untersuchung des Arztes und Sexualforschers Albert Eulenburg von 1914 listet 323 Fälle von Kinder- und Jugendselbstmord auf, Jungen wie Mädchen zwischen 8 und 20 Jahren. Unter »Ursachen« finden sich sehr häufig »schlechtes Zeugnis, Furcht, es dem Vater vorzulegen«, »Furcht vor Strafe«, »starke Abneigung gegen den Schulbesuch«, seltener »Liebesgram« und »Vorwürfe der Mutter über den leichtsinnigen Lebenswandel«. Unter »Besondere Umstände« werden Gruppenselbstmorde aufgezählt und dies: »Der junge Mann trug elegante Frauenkleidung.«

In den Jahren 1910 bis 1912 brachten sich am Leipziger Königin-Carola-Gymnasium drei der begabtesten Oberprimaner um. Der Reformpädagoge Ludwig Gurlitt, der schon 1908 in seinem Buch »Schülerselbstmorde« das autoritäre Schulwesen als Teil der wilhelminischen Gesellschaftsordung kritisiert hatte, veröffentlichte daraufhin im »Berliner Tageblatt« Briefe von Freunden der Toten, in denen das musische Interesse und das oppositionelle Denken der jugendlichen Selbstmörder deutlich werden. Dass es eine Verknüpfung zwischen literarischen Ambitionen und dem Wunsch nach Freitod gegeben haben mag, dass es sich gleichzeitig um ein soziales Phänomen und einen literarischen Topos handelte, wird auch im Fall Rudolf Ditzen deutlich.

Der als kränklich, unbegabt und leicht erregbar bekannte Junge, der sich später den Namen Hans Fallada geben und Schriftsteller werden sollte, erlebt als Schüler des Königin-Carola-Gymnasiums die Leipziger Selbstmordserie aus unmittelbarer Nähe mit. Ungefähr um die gleiche Zeit stellt ein Arzt bei ihm Anzeichen einer manifestierten Hysterie fest, er zeigt also psychosomatisch bedingte Krankheitssymptome. Ditzen schließt sich der Wandervogel-Bewegung an, von einem mehrwöchigen Aufenthalt in den Niederlanden kehrt er mit Typhus zurück. Kaum genesen, beginnt er, den Eltern einer Mädchenbekanntschaft sowohl Gedichte als auch anonym verfasste obszöne Briefe zu schreiben. Ditzen fliegt auf, er besorgt sich einen Revolver, um »in die Freiheit zu springen«. Sein Vater kann ihn im letzten Augenblick am Selbstmord hindern. Er schickt ihn erst in ein Sanatorium und dann nach Rudolstadt in Thüringen, wo er auf dem Fridericianum die Schule beenden soll. Die Wahl fällt auch deshalb auf die Stadt, weil dort der 16-jährige

Offizierssohn Hanns Dietrich von Necker lebt. Ditzen und ihn verbindet eine intensive Brieffreundschaft.

Die beiden schwärmen für die moderne Literatur von Hugo von Hofmannsthal, die Bücher Heinrich und Thomas Manns, die Gedichte Stefan Georges, Rainer Maria Rilkes, Frank Wedekinds und die Schriften Friedrich Nietzsches, in dessen »Zarathustra« es heißt: »Viele sterben zu spät, und einige sterben zu früh. Noch klingt fremd die Lehre: Stirb zur rechten Zeit!« Ditzen ist oft zu Gast bei der Familie von Necker, der Mutter und den drei Geschwistern. Hanns' Vater war stellvertretender Kommandeur eines in Rudolstadt stationierten Bataillons gewesen und 1909 an den Folgen eines Reitunfalls gestorben. Einmal äußert sich Ditzen Frau von Necker gegenüber »sehr geringschätzig« über die Werke Goethes. Sie seien zu klassisch.

Die literarische Rivalität der beiden Jungen führt zu einem Schreibwettbewerb: Beide sollen ein Drama an einen berühmten Dichter senden, der dann über die Qualität befindet. Derjenige, der das schlechtere Drama geschrieben hat, soll sich umbringen. Der Überlebende wiederum soll für die Veröffentlichung des Stücks sorgen. Irgendwann aber kommen die beiden von dem Plan des Wettstreits ab. Sie beschließen, stattdessen Doppelselbstmord zu begehen und ihn als Duell zu tarnen.

Am frühen Morgen des 17. Oktober 1911 holt Ditzen seinen Freund von Necker zu Hause ab, gemeinsam gehen sie den rund 45 Minuten langen Fußweg zum Uhufelsen, einem beliebten Wanderziel. Am Vortag haben sie vor ein paar Gleichaltrigen einen Streit inszeniert, in ihren Taschen stecken Duellkarten, auf denen steht: »Kampfesursache: Duell wegen Beleidigung einer Dame«. Auf einer Lichtung ziehen sie ihre Jacken aus und hängen sie an Astgabeln. Von Necker hilft Ditzen beim Laden seines kurzes Gewehres, das der sich unter dem Vorwand, auf Spatzen zielen zu wollen, geliehen hat. Von Necker hat den Reichsrevolver seines toten Vaters bei sich. Auf ein beidseitiges Kommando zielen und feuern sie. Die beiden ersten Schüsse gehen fehl, beim zweiten Versuch trifft Ditzen von Necker. Ditzen wird später erzählen, der blutend am Boden liegende von Necker habe ihn darum gebeten, ihn mit einem erneuten Schuss zu töten. Was Ditzen tat.

Danach gibt er zwei Schüsse auf sich selbst ab, taumelt schwer verletzt den Berg hinunter und wird auf halber Strecke von einem Bauern gefunden. Seine Mutter soll, als sie die Nachricht von dem Unglück erhielt, gesagt haben: »Gott sei Dank, wenigstens nichts Sexuelles!« Die Zeitungen titeln: »Gymnasiastentragödie auf dem Uhufelsen«. Ditzen wird wegen Totschlags angeklagt und in eine psychiatrische Klinik in Tannenfeld bei Jena eingewiesen, aus der er erst knapp zwei Jahre später wieder entlassen werden wird. Da der schriftlich niedergelegte Pakt gefunden und Ditzen als schuldunfähig angesehen wird, lässt man die Anklage fallen.

Fast genau hundert Jahre später: Im kalifornischen Palo Alto, einer Stadt mit 67 000 Einwohnern 50 Kilometer südlich von San Francisco und einer der wohlhabendsten Gegenden des Landes, ist die Suizidrate an den beiden örtlichen Highschools seit zehn Jahren vier- bis fünfmal so hoch wie im nationalen Durchschnitt. 2009 und 2010 brachten sich fünf Schüler oder Neuabsolventen der Gunn High School um, zwei davon warfen sich vor den silberroten Caltrain, der Pendler auf den 130 Kilometern zwischen San Francisco und dem Städtchen

Gilroy auf ihre Arbeitsplätze im Silicon Valley verteilt. Im Januar 2011 beging eine Schülerin der Palo Alto High School (genannt »Paly«) Selbstmord.

Dreieinhalb Jahre danach begann die zweite Welle: Im Herbst 2014 brachte sich Quinn Gens um, ein Absolvent der Gunn High School, der an einem nahen Community College einen zweijährigen Programmierlehrgang begonnen hatte.

Dann, im November 2014, warf sich Cameron Lee, 16, dem die schulischen Anforderungen nie das Geringste anzuhaben schienen, vor den Caltrain. In seinem Abschiedsbrief schrieb er, weder seine Familie noch Freunde oder die Schule sei schuld an seinem Tod, aber er sehe einfach keine Zukunft für sich in der Welt. Drei Monate später sprang Harry Lee, ein Gunn-Schüler mit demselben Nachnamen, aber ohne verwandtschaftliche Beziehungen zu Cameron Lee, vom Dach eines Gebäudes. Beim ACT, der Wissensprüfung, die einer Aufnahme an amerikanische Colleges vorausgeht, hatte Lee 35 von 36 möglichen Punkten erreicht.

Panik vor einem neuen Selbstmord-Cluster machte sich breit. Alle drei Schüler waren beliebt gewesen und schienen keinerlei Probleme zu haben, weder im regulären Unterricht noch in den Extraaktivitäten wie Fußball, Baseball oder Debattierclubs, denen sie daneben nachgingen, um ihren Lebenslauf beeindruckender aussehen zu lassen. Lees Eltern veröffentlichten eine Erklärung im »Palo Alto Weekly«, in der es heißt: »Unser Sohn kämpfte mit einer Depression, er hat immer deutlich gemacht, dass der Grund dafür nicht der akademische Druck an der Gunn High School war.«

»Gunn ist ein extremes Destillat dessen, was Eltern der amerikanischen Elite von einer Schule erwarten«, so die Journalistin Hanna Rosin. »Die Optionen sind endlos, die Konkurrenz ist hart, und noch im freundlichsten Gespräch zwischen Erwachsenen geht es um die Möglichkeit, wie jemand noch besser werden kann.« Die Schüler belegen stets die ersten Plätze in landesweiten Mathe- und Biologie-Olympiaden, das Schulmusical wurde 2013 zur besten Jugendproduktion der Region San Francisco gewählt. Die Schüler selbst haben das Leistungsethos dermaßen verinnerlicht, dass 90 Prozent von ihnen gegen die Abschaffung einer »nullten« Stunde vor dem eigentlichen Unterrichtsbeginn votierten, weil der Schulbeginn um 7:55 Uhr statt um 8:25 Uhr bedeutet, dass sie am Abend mehr Zeit für die Hausaufgaben haben. Die angebotenen Beratungen bei Psychologen nehmen die Schüler nicht wahr, vor allem deshalb, weil sie nicht als schwach, übermäßig dramatisch oder geltungsbedürftig angesehen werden wollen.

Jedes Jahr schaffen es 20 Absolventen der Gunn High School ins nur wenige Kilometer entfernte Stanford, auf eine der renommiertesten Universitäten der Welt. Alle anderen, das scheint der Glaube unter den Schülern zu sein, enden als Obdachlose unter der Brücke. Da unter den Toten drei Jungen mit ostasiatischen Wurzeln waren, lautete der Vorwurf, ihre »Tiger Mums« hätten sie zu Höchstleistungen angetrieben. In China oder Korea kann ein einziges schlechtes Testergebnis tatsächlich über die Zukunft eines Schülers entscheiden, die Schüler der Gunn High School sind zu 40 Prozent die Sprösslinge asiatischer Einwanderer. Es ist sogar von chinesischen Patriarchen die Rede, die in der Gegend Häuser kaufen, um ihren Kindern eine erstklassige amerikanische Ausbildung angedeihen zu lassen, und so dazu beitragen, das kompetitive Klima zusätzlich anzuheizen.

»In unseren Köpfen betreiben wir Wahrsagerei«, sagte Manon Piernot, die wegen ihrer Suizidgedanken mehrere Wochen in der Psychiatrie verbrachte. »Wir stellen uns oft das schlimmste mögliche Szenario vor.« Taylor Chiu, die als Neuntklässlerin einen Selbstmordversuch verübt hatte, zieht eine Verbindung zum Panoptikum, dem Modellgefängnis des englischen Philosophen und Sozialreformers Jeremy Bentham. Es benötigt nur einen einzigen Aufpasser, weil sich die Insassen gegenseitig überwachen. »Und du brauchst nicht mal Wände oder Zäune oder körperliche Fesseln. Du musst sie nur fesseln, indem du eine soziale Norm schaffst«, so Chiu.

Die sogenannte *achievement culture* im Silicon Valley, Sitz von IT- und Hightechunternehmen wie Apple, Facebook und Google, erlaubt es niemandem, sich verletzlich zu zeigen. Studien zeigen: Je reicher die Schule, desto höher die Zahl der Schüler, die trinken, rauchen und Drogen nehmen und desto wahrscheinlicher das Auftreten von Depressionen und Angststörungen. Kinder aus Familien mit einem mittleren Jahreseinkommen von 300 000 Dollar und einem Schulgeld von jährlich nahezu 30 000 Dollar fühlen sich alleingelassen, oft noch mehr als solche aus armen Familien mit einem Elternteil. Die Liebe der Eltern ist an schulische Erfolge gekoppelt. Die verinnerlichte Erwartung, es seinen Eltern gleichzutun, führt zu einem Druck, gegen den sich einige Jugendliche nicht anders zu wehren wissen als durch Selbstmord.

In einer Umfrage unter den Schülern des Jahrgangs 2013/14 der Palo Alto High School gaben zwölf Prozent an, in den vorangegangenen Monaten ernsthaft über Selbstmord nachgedacht zu haben. An der Gunn High School waren es 21 Prozent der Neunt- und 23 Prozent der Elftklässler.

Eine Schülerin sagte, der Warnpfiff des Caltrains, der alle 20 Minuten durch den Ort hallt, klinge für sie wie die Kanone in den »Die Tribute von Panem«-Filmen, die dort jedes Mal abgefeuert wird, wenn einer der Jugendlichen bei den modernen Gladiatorenspielen des diktatorischen, nach zutiefst darwinistischen Prinzipien organisierten Zukunftsstaates stirbt.

Der Tod des 15-jährigen Paly-Schülers Qingyao »Byron« Zhu war der fünfte und vorerst letzte des Clusters im Jahrgang 2014/15. Auch Zhu warf sich vor den Caltrain-Frühzug.

Mittlerweile wurde das »Projekt Sicherheitsnetz« eingerichtet mit einem Krisentelefon, Suizidpräventionsrichtlinien für Eltern und einer Ausstellung mit Kunst von Schülern mit dem Titel: »What it's like to be me«. Die Rettung besteht für viele darin, dass ihnen klar wird: Wichtig ist, dass sie glücklich sind.

Unklar ist, ob es nach der Auflösung der britischen Boyband »Take That« im Februar 1996 tatsächlich zu Suiziden kam, wie viele Fans ankündigten. Viele drohten so glaubwürdig, sich umzubringen, sollte sich die Gruppe nicht wiedervereinigen, dass Krisentelefone eingerichtet wurden. Es herrschte hier zumindest eine lose Verwandtschaft zu Selbstmorden nach den Toden von Mussolini und Hitler. Das Wort »Fan« kommt bekanntlich von »fanatisch«.

Im Fall der Jungfrauen in Milet war man sich zwar nicht einig, was der Grund für die Selbstmordwelle gewesen war, dafür fand man einen Weg, sie zu beenden.

Nach dem Vorschlag eines »klugen Mannes« erging ein

öffentlicher Beschluss: Die Leichen der Selbstmörderinnen sollten fortan nackt über die Agora getragen werden. Laut Plutarch beendete das die Suizide umgehend. Die Heilmittel der Todessehnsucht waren, psychologisch gesprochen, eine schambesetzte antizipatorische Vorstellung und ein daraus folgender starker Vermeidungswunsch. Meint: Schlimmer als der Drang zum Tode war für die jungen Frauen die Vorstellung, tot und nackt öffentlich ausgestellt zu werden.

Achten Sie auf die Cockpit-Tür – Pilotensuizide

Am 24. März 2015 startet ein Passagierflugzeug der Airline Germanwings in Barcelona 26 Minuten nach seiner planmäßigen Abflugzeit um 9.35 Uhr, steigt über der Stadt auf und dreht gen Mittelmeer ab, in Richtung Düsseldorf. Kapitän Patrick Sondenheimer, der im Laufe seiner Karriere mehr als 6000 Stunden in der Luft verbracht hat, entschuldigt sich bei den Passagieren für die Verspätung und verspricht, die verlorene Zeit wieder aufzuholen. Er erwähnt gegenüber seinem Kopiloten, dem 27-jährigen Andreas Lubitz, dass er vor dem Boarding vergessen habe, auf die Toilette zu gehen. Lubitz bietet ihm an, jederzeit zu übernehmen. Um 10.27 Uhr hat der Airbus A320 seine Flughöhe von 11 600 Metern erreicht, drei Minuten später hatte die Maschine den letzten Funkkontakt. Sondenheimer führt routinemäßig das Briefing für die Landung in Düsseldorf durch. Er bittet Lubitz, alles vorzubereiten, der daraufhin mit »Hoffentlich« und »Mal sehen« antwortet. Nach dem Briefing sagt Lubitz zu Sondenheimer: »Du kannst jetzt gehen.« Als Sondenheimer das Cockpit in Richtung Toilette verlässt, fällt die Tür hinter ihm zu. Während der Pilot nach seiner Rückkehr zunehmend verzweifelt an die nur von innen zu öffnende Tür klopft und versucht, Lubitz zum Aufmachen zu bewegen, lässt der die Maschine mit einer Geschwindigkeit von fast 20 Metern pro Sekunde auf 4000 Meter sinken und steuert sie um

10.41 Uhr gegen einen Berg in den französischen Alpen. Mit ihm sterben 144 Passagiere und die fünf anderen Crew-Mitglieder.

Flug 9525 hat weltweit Schlagzeilen gemacht. Der erste Pilotensuizid in der Geschichte der Luftfahrt ist er nicht.

Bei weitem nicht alle involvieren andere Menschen: Im Februar 2014 veröffentlichte das Büro für Luftfahrtmedizin der Federal Aviation Administration (FAA) in Washington eine Studie über sogenannte flugzeugassistierte Pilotensuizide, die zwischen 2003 und 2012 in den USA begangen wurden. Sie machen deutlich weniger als ein Prozent aller tödlichen Flugunfälle aus, bei den Tätern handelte es sich durchweg um Männer im Alter zwischen 21 und 68 Jahren, private wie kommerziell tätige Piloten, die medizinisch für tauglich befunden worden waren, zu fliegen.

Bei sieben von acht der untersuchten Suizide war der jeweilige Pilot der einzige Mensch an Bord der meist einmotorigen Propellermaschine und somit auch der einzige Tote. In einem Fall hatte der 47-jährige Vater sein minderjähriges Kind dabei, wegen dessen er mit seiner Exfrau im Sorgerechtsstreit lag. Der Mann, der noch in der Ausbildung zum Piloten war, steuerte die Cessna nach anderthalb Stunden Flug ins Haus seiner Exschwiegermutter und tötete so sich und das Kind. Acht Suizidflüge, neun Tote.

In der Hälfte aller untersuchten Pilotensuizide war Alkohol im Spiel. Zwei der acht wurden positiv auf SSRI getestet, also selektive Serotoninwiederaufnahmehemmer, die zur Behandlung von Depressionen verschrieben werden und paradoxerweise einen Suizidwunsch induzieren können. Fünf hatten zuvor bereits einen Suizidversuch unternommen, vier einen Abschiedsbrief hinterlassen.

Und dann sind da die anderen Fälle. Die »große« Luftfahrt hat zwischen 1982 und 2013 neben Andreas Lubitz mindestens sechs (nach manchen Quellen auch zwölf) weitere Fälle mit insgesamt mindestens 423 Toten zu verzeichnen, die auf Pilotensuizid zurückzuführen sind. Diese werden nicht als Suizid betrachtet, von dem meist Angehörige des Lebensmüden betroffen sind, sondern als das, was im Englischen »murder-suicide« heißt: Selbstmord in Tateinheit mit Mord. Er wird wiederum von Terroranschlägen unterschieden, bei denen Flugzeuge als Waffen benutzt werden, um ein höheres politisches Ziel zu erreichen.

Zum Beispiel: Am 9. Februar 1982 fliegt der 35-jährige Seiji Katagiri, der Pilot des Japan-Airlines-Flugs 350 vom Flughafen Fukuoka in Südjapan, den Flughafen Tokio-Haneda an. Der Kopilot meldet eine Höhe von nur noch 150 Metern, aber Kapitän Katagiri reagiert nicht. Eine halbe Minute später, in einer Höhe von 50 Metern, schaltet Katagiri den Autopiloten aus, stellt zwei der vier Triebwerke auf Schubumkehr und drückt den Steuerknüppel nach vorn. Der Kopilot versucht, die Maschine nach oben zu ziehen, kann sie jedoch nicht mehr retten. Sie schlägt im flachen Wasser der Bucht von Tokio auf. Die Nase und die rechte Tragfläche werden abgerissen, 24 der 174 Passagiere an Bord sterben. Katagiri überlebt, tauscht seine Uniformjacke gegen einen Strickpullover und mischt sich als angebliches Mitglied des Servicepersonals unter die ersten Passagiere, die von Rettungskräften aus dem Wrack befreit werden. Erst nach Stunden wird er erkannt und festgenommen.

Im Gerichtsverfahren gegen ihn wird er für nicht zurechnungsfähig erklärt – aufgrund einer psychosomatischen Störung, wegen der er zwischen 1980 und November 1981 beurlaubt und wegen Suizidgefahr in psychotherapeutischer Behandlung war. Später wird bei ihm eine Schizophrenie diagnostiziert. Katagiri hat als einziger Pilot in der Geschichte der zivilen Luftfahrt einen selbst herbeigeführten Flugzeugabsturz überlebt. Er lebt heute, fast 70-jährig, zurückgezogen mit seiner Frau in dem Küstenstädtchen Hayama.

Am 31. Oktober 1999 stürzt eine Boeing 767 der Egypt Air 96 Kilometer vom amerikanischen Nantucket, Massachusetts, entfernt in den Atlantischen Ozean. Alle 217 Personen sterben, darunter 15 Besatzungsmitglieder inklusive der zwei Pilotencrews, die wegen der langen Flugzeit von zehn Stunden mit an Bord sind. Die Maschine ist von Los Angeles aus nach Kairo unterwegs. Nach einem planmäßigen Stopp am New Yorker John.-F.-Kennedy-Flughafen befindet sich die Maschine wieder seit 20 Minuten in der Luft, als der 59-jährige Kopilot der Ersatzcrew, Gamil El-Batouti, ins Cockpit kommt und darauf besteht, den ersten Teil des Fluges zu übernehmen. Wohl weil El-Batouti kurz vor der Pensionierung steht, überlässt der verantwortliche Kopilot ihm den Pilotensitz, jedoch nicht ohne zu murmeln: »Siehst du, wie er immer macht, was er will?« Als Kapitän Ahmed Mahmoud El-Habashy bei der erreichten Reiseflughöhe von 10 000 Metern auf die Toilette geht, ist El-Batouti allein im Cockpit. Er stellt die Triebwerke und den Autopiloten aus. Die Nase der Boeing senkt sich so stark nach unten, dass in der Maschine für einige Sekunden Schwerelosigkeit herrscht.

Als El-Habashy sich von der Toilette zurück ins Cockpit ge-kämpft hat, versucht er, den Fall des Flugzeuges zu stoppen, schafft es aber erst mit Hilfe der Flügelklappen, sie auf einer Höhe von 5000 Metern zu stabilisieren. Wegen der abgeschal-teten Triebwerke fällt der Strom an Bord aus, die Boeing ver-fällt wieder in einen Sturzflug, Teile des Rumpfes und des lin-ken Triebwerkes werden abgerissen, bevor sie um 1.52 Uhr, drei Minuten nachdem El-Batouti die Geräte ausgeschaltet hat, in den Ozean stürzt. Auf dem Voice-Recorder ist zu hören, wie El-Batouti elfmal sagt: »Ich vertraue auf Gott.«

Die Ursache des Absturzes ist bis heute nicht vollständig ge-klärt und ein Streitfall zwischen Ägypten und den Vereinigten Staaten. Die Behörden in Kairo gehen von technischem Ver-sagen aus, Untersuchungen des FBI ergaben, dass El-Batouti immer wieder Gäste und weibliches Personal des Hotels Penn-sylvania in New York belästigt hatte, in dem Egypt Air seine Crews unterbrachte. Außerdem soll der Pilot frustriert gewe-sen sein, dass er kurz vor der Pensionierung immer noch nur den Rang eines Ersten Offiziers innehatte. Die Airline hatte von El-Batoutis Verhalten gewusst, sie aber lange ignoriert. Der lei-tende Pilot hatte am Tag vor dem Unglück mit El-Batouti ge-sprochen und ihm angekündigt, Flug 990 werde sein letzter sein.

Am 29. November 2013 steuert der 49-jährige Pilot Hermínio dos Santos Fernandes eine Passagiermaschine der Linhas Aé-ras de Moçambique auf der Strecke vom mosambikanischen Maputo nach Luanda in Angola. Der Kopilot ist auf die Toi-lette gegangen, Dos Santos Fernandes, der über mehr als 9000 protokollierte Flugstunden verfügt, verringert die Flughöhe per Autopilot, bis die Maschine knapp zwei Stunden nach dem Abflug und auf einer Höhe von 915 Metern vom Radar verschwindet. Sie zerschellt auf dem Boden des Bwabwata National Parks in Namibia. Alle 27 Passagiere und die sechsköpfige Crew sterben. Die Flugsicherung geht anfangs davon aus, dass die Embraer 190 notgelandet sei. Am nächsten Tag finden Suchtrupps die verkohlten Trümmer der Maschine. Auf dem Voice-Recorder ist zu hören, wie jemand von außen an die verriegelte Cockpit-Tür klopft. Dos Santos Fernandes befand sich mitten in einer Scheidung, sein Sohn hatte sich fast genau ein Jahr zuvor mutmaßlich umgebracht, und seine jüngste Tochter hatte sich einer Herzoperation unterziehen müssen.

Bei Andreas Lubitz wurde Anfang 2009 während seiner Ausbildung an der Lufthansa-Verkehrsfliegerschule in Bremen eine schwere depressive Phase diagnostiziert, er hatte Suizidgedanken und wurde mit Antidepressiva behandelt. Fern seiner Heimatstadt, des rheinland-pfälzischen Montabaur, hatte er eine unbegründete Angst, zu versagen, entwickelt, dazu einen Tinnitus, der als Depressionssymptom gilt. Lubitz begab sich in psychiatrische Behandlung, wurde nach sechs Monaten entlassen und setzte seine Ausbildung fort. Im Herbst 2013 fing er bei Germanwings an, bezog mit seiner Freundin eine Düsseldorfer Eigentumswohnung seiner Eltern, wurde schnell Erster Offizier und flog als Kopilot kurze innerdeutsche und -europäische Strecken. Kurz vor Weihnachten 2014 erlitt er einen Rückfall. Zuerst dachte er, er werde erblinden, sah Sterne, Lichtkreise und -blitze, reagierte empfindlich auf Licht und sah doppelt.

Die Ärzte fanden nichts Körperliches, ein Neurologe diagnostizierte eine hypochondrische Störung, sein Hausarzt eine drohende Psychose. Er empfahl ihm dringend, in eine psychiatrische Klinik zu gehen, was Lubitz ignorierte. Im Januar 2015 begann er eine Psychotherapie. Anfang März suchte er im Internet nach den effektivsten Methoden, sich umzubringen. Er googelte, wie sich CO_2 herstellen lässt, was passiert, wenn ein Mensch Benzin trinkt, und welches Gift schmerzlos tötet. Am 20. März, vier Tage vor seinem letzten Flug, recherchiert er im Netz, wie genau der Schließmechanismus der Cockpit-Tür eines Airbus A320 funktioniert. Am 22. März notiert Lubitz »Entscheidung Sonntag« auf ein Stück Papier, das man später im Müll seiner Wohnung finden wird. Unter der Überschrift listet er die Optionen auf: »inneren Willen zum Arbeiten und Weiterleben«, »Stress und Schlaflosigkeit« und »mich gehen lassen«. Als er auf dem Hinflug von Düsseldorf nach Barcelona kurz allein im Cockpit ist, senkt er die Einstellung für die Flughöhe kurz und von der Flugsicherung unbemerkt auf 30 Meter. Zum Test.

Der Psychoanalytiker Micha Hilgens vermutet, dass nicht die Depression Andreas Lubitz' Grunderkrankung war, sondern eine Persönlichkeitsstörung. »Ein Depressiver mit suizidaler Tendenz wählt keinen solchen Abgang. Depressive sind gehemmte Menschen, die gerade nicht über diese aggressiven Potenziale verfügen.« Für ihn deuten der Aufwand, den Lubitz trieb, um sich umzubringen, und der völlige Empathiemangel, der aus seiner Tat spricht, auf eine schwere narzisstische Persönlichkeitsstörung hin. Das Selbstwertgefühl von Narzissten oszilliert zwischen Kleinheitsselbst und Größenselbst, zwischen dem Gefühl, klein und unbedeutend zu sein, und Größenwahn. »Das Gefühl der Größe, der Gottähnlichkeit, die Macht über Leben und Tod«, so Hilgens, »das genießen diese Menschen.«

Methoden

- Springen
- Sprengen
- Schlitzen (down the road, not across the street)
- Verbrennen
- Vergiften
- Vergasen
- Gas geben
- Abgase
- Überdosis
- Chloroform einatmen
- Bauchaufschlitzen
- Sehr langes Fasten
- Hinunterschlingen unverdaulicher Dinge
- Hieb-
- Schnitt-
- Stichverletzungen
- Schienenselbstmord
- Suicide by Cop

- Defenestration
- Elektrischer Schlag
- Ertrinken
- Erhängen
- Erschießen
- Erdolchen
- Erdrosseln
- Ersticken
- Erfrieren

Wenn Tiere nicht mehr
leben wollen

Margaret Howe hatte die Uni geschmissen und war auf die Jungferninsel Saint Thomas im Karibischen Meer gezogen, um 1000 Kilometer entfernt vom amerikanischen Festland in einem Hotel zu arbeiten. Eines Tages hörte sie von einer Forschungseinrichtung an einem abgelegenen Strand auf der anderen Seite der Insel und fuhr hin. Dort baute der Neurowissenschaftler John Lilly ein Labor für die Erforschung der Mensch-Tier-Kommunikation auf. Lilly hatte die NASA davon überzeugt, dass Delphine geeignete Modellorganismen wären, um sich für die bald erwartete erste Begegnung mit außerirdischen Lebewesen zu wappnen. Das zweistöckige Delphinhaus aus weiß gestrichenem Beton hatte einen mit dem Meer verbundenen Salzwasserpool, aus einem Filmstudio in Florida bekam Lilly drei Tümmler, die in der Fernsehserie »Flipper« mitgespielt hatten: die beiden älteren Weibchen Pamela und Sissy und das männliche Jungtier Peter. Die 22-jährige Margaret war enthusiastisch und erwies sich als gute Beobachterin, also heuerte Lilly sie als Mitglied des Teams an, das Kommunikationstrainings mit den Tieren durchführen sollte. Ziel war, ihnen die menschliche Sprache beizubringen.

John Lillys Frau hatte 1957 entdeckt, dass ein Tier die Stimmen von John und seiner Assistentin imitierte. So war die Idee entstanden, Delphine könnten dank ihres außergewöhnlich großen Gehirns in der Lage sein, mit Menschen zu kommunizieren. Es war Margaret, die vorschlug, statt wie alle anderen jeden Abend das Delphinhaus zu verlassen, rund um die Uhr mit ihrem Lieblingsdelphin Peter zu leben. Man versiegelte und flutete das Haus, bis das Wasser auch im zweiten Stock und auf dem Balkon kniehoch stand, und befestigte Margarets Schreibtisch so, dass er von der Decke herabhing. Dann zog sie ein. Sie schnitt sich die Haare kurz, damit sie schneller trockneten, und schlief in der Mitte der Wohnung auf der Plattform, mit der Peter einmal pro Woche in das untere Becken zu seinen Artgenossinnen gelassen wurde. So konnte der Delphin Margaret jederzeit zum Spielen wecken. Über Monate hinweg übte Margaret Englisch mit dem Tier, sie zählte bis drei, zeigte ihm Formen und Gegenstände, benannte sie und versuchte, Peter wie ein kleines Kind dazu zu bringen, es ihr nachzutun. Sie malte sich die untere Hälfte des Gesichts weiß und die Lippen schwarz an, damit er lernen würde, ihre Mundbewegungen mit seinem Blasloch nachzuahmen. Peter zeigte großen Ehrgeiz, produzierte Pfeif- und Klicklaute und schaffte es sogar, das M von »Margaret« zu machen, indem er sich so im Wasser drehte, dass er über sein Blasloch einen gedämpften Ton von sich gab.

Peter reagierte seinen Sexualtrieb an Margaret ab, indem er sich an ihr rieb. Als es zu aufwendig wurde, ihn in kürzer werdenden Abständen nach unten zu Pamela und Sissy zu hieven, befriedigte Margaret ihn mit der Hand.

John Lilly begann mit LSD zu experimentieren, das zu der Zeit in den USA frei verkäuflich war und in der Psychotherapie eingesetzt wurde. Als Lillys Geldgeber drohten, die

Finanzierung des Labors wegen mangelnder Erfolgsmeldungen einzustellen, injizierte er den weiblichen Tieren jeweils 200 Mikrogramm des Halluzinogens, um sie zum Sprechen zu bringen – ohne irgendeine Reaktion der Delphine. Margaret hatte durchgesetzt, dass Peter verschont wurde. Die beiden hatten eine enge Beziehung zueinander entwickelt. Eine von Peters Lieblingsbeschäftigungen war es, sich auf den Boden des Beckens sinken zu lassen und an Margarets großem Zeh zu saugen. So lange, bis er zum Luftholen wieder an die Oberfläche musste. »Er war verrückt vor Liebe zu Margaret«, sagt Andy Williamson, der Tierarzt des Delphinhauses, noch heute.

Wie auch bei Affen neigen Menschen besonders bei Delphinen zu Anthropomorphismus. Immer wieder wird von Meeressäugern berichtet, die Selbstmord verübt haben sollen. Besonders über Delphine in Zoos und Wasserparks heißt es, sie gingen wegen Depressionen und Showmüdigkeit in den Tod. Im März 1967 wurden am Strand der tasmanischen Ortschaft Davenport 150 tote Wale gefunden. Australische Zoologen waren der Ansicht, die Tiere hätten sich aus Furcht vor größeren Walen an Land geworfen, wo sie erstickten, weil ihre Lungen aufgrund des fehlenden Drucks dort nicht funktionieren. Man hat bei Tieren die Selbstopferung zum Schutz ihrer Nachkommen beobachtet, die Weigerung der Nahrungsaufnahme bis hin zur Selbstverletzung.

Man weiß von Kühen, die sich in den Schweizer Alpen zu Dutzenden Abhänge hinunterstürzten, von skandinavischen Lemmingen, die zu Millionen ihre Heimatareale verlassen und sich auf den Weg machen, um sich über Felskanten ins Meer zu stürzen. Es gibt Berichte von 250 Millionen Ratten, die sich auf den von Israel besetzten Golanhöhen in Bewegung setzten, um sich dann die Steilhänge hinunterzuwerfen. Oder Hunderttausende Ziesel, eine Eichhörnchenart, die sich in der chinesischen Provinz Sinkiang »mit traurigem Gesichtsausdruck« in den Fluss fallen ließen. Zoologen sehen in diesen Phänomenen keine Todessehnsucht, sondern ein Regulativ der Natur. Es setzt den Selbsterhaltungstrieb der Tiere außer Kraft, wenn die Bevölkerungsdichte in einer bestimmten Region zu groß geworden ist oder der Lebensraum der Tiere eingeengt wird und so Aggressionen die Population bedrohen.

In Schottland sprangen in den vergangenen 50 Jahren Dutzende Labradore, Collies und Golden Retriever von der rechten Seite der granitenen Overtoun-Brücke 15 Meter in die Tiefe – bevorzugt an trockenen, sonnigen Tagen. Wie sich herausstellte, reagierten sie auf das Drüsensekret der unter der Brücke heimischen Nerze, dessen Geruch an sonnigen Tagen nicht durch Regenfälle abgemildert worden war.

Seit Aristoteles' Geschichte über den Hengst, der sich einen Felsen hinunterstürzte, weil er dazu gebracht worden war, sich mit seiner eigenen Mutter zu paaren, reflektieren Geschichten über vermeintliche Tiersuizide vor allem eines: unsere Auffassung davon, was es bedeutet, Mensch zu sein. So galt das Pferd in der Antike als respektables Tier, sein Suizid als gleichzeitig natürliches und edles Verhalten.

1845 berichteten die »Illustrated London News« von einem Neufundländer, der mehrmals versucht hatte, sich zu ertränken, bis er endlich erfolgreich war. Es war die Zeit, in der Darwin seine Evolutionstheorie veröffentlichte. Die Erkenntnis, dass der Mensch ein Tier ist, resultierte in der Gründung der ersten Tierschutzbünde, im Vegetarismus und dem Aufkommen von Haustieren. Zeitungen schreiben von Rehen, die auf der Flucht vor Jagdhunden Steilhänge hinuntersprangen, und von Enten, die sich nach dem Tod ihres Partners ertränkten. Ganz offensichtlich sind Tiere zu selbstzerstörerischem Verhalten in der Lage. Suizid allerdings setzt das Bewusstsein der eigenen Existenz, von so etwas wie Zukunft und Tod voraus. Dazu sind allein Menschen in der Lage. Der Rest ist Mythos.

John Lillys Versuch verlor wegen seiner Drogenexperimente und der Delphin-Masturbation an Ansehen. Im Oktober 1966 wurde Margarets und Peters Wohngemeinschaft aufgelöst, die Delphine wurden in ein privates Labor in Miami gebracht.

Margaret blieb in dem Haus am Strand wohnen, heiratete den Fotografen des Projekts und bekam drei Kinder mit ihm. Peter ließ sich nach ein paar Wochen in dem dunklen und engen Labor auf den Boden des gechlorten Beckens sinken und entschied, nicht mehr zum Atmen an die Wasseroberfläche zu schwimmen. John Lilly rief Margaret an und teilte ihr mit, dass Peter Selbstmord verübt habe.

Manchmal versuchen aber auch Menschen, Tiere zu Selbstmordwaffen zu machen: Zuletzt drang Ende Mai 2016 der 20-jährige Franco Luis Ferrada Roman im Zoo von Santiago de Chile durch das Dach des Löwengeheges ein, zog sich nackt aus und versuchte, die drei darin lebenden Tiere zu sich zu locken. Als sie nicht reagierten, klammerte sich der Mann, der laut anderen Zoobesuchern »Sachen über Jesus« rief, wie ein Äffchen mit den Armen an die Mähne und mit den Beinen an den Bauch des Löwenmännchens. Der fiel ihn schließlich an. Um

das Leben Ferrada Romans zu retten, erschossen die herbeige-
eilten Zoowärter zwei der Tiere. Der Mann überlebte schwer
verletzt.

Vom Selbstmord erzählen

Die Tramontana (auch Tramuntane oder Tramuntana) ist eine Windströmung aus nördlicher bis nordwestlicher Richtung. Kalt, trocken und heftig kommt sie im Frühling, Herbst und Winter im westlichen Mittelmeerraum auf, um dann mit bis zu 150 Stundenkilometer zu wehen. Der Wind, »der von jenseits des Gebirges kommt«, – gemeint sind die Pyrenäen – kann bei schönstem wolkenfreiem Himmel auftauchen und zu schnellen Temperaturstürzen führen. Er ist dafür bekannt, Zugwaggons um- und Autos ins Meer zu stürzen. In der südfranzösischen Region Languedoc-Roussillon heißt es, sei der Wind einmal da, halte er sich entweder drei, sechs oder neun Tage. Mitte des 17. Jahrhunderts bezeichnete der französische Ausdruck »perdre la tramontane« einen Zustand der Desorientierung; in Victor Hugos Gedicht »Gastibelza« heißt es: »Le vent qui vient à travers la montagne me rendra fou.« Die Tramontana tritt auch in Italien, Kroatien und Nordspanien auf, aber besonders in Ampurien, dem Hinterland der Costa Brava, erzählt man sich, sie treibe die Menschen in den Selbstmord. »Die Tramuntana verursacht Depression und Erschöpfung«, heißt es in einem neueren Buch zur Kulturgeschichte Kataloniens. »Wenn sie weht, ist es schwer, aufrecht auf der Straße zu stehen. Der ständige Lärm und das Klappern der Fensterläden reizt deine Nerven oder versetzt dich in einen Zustand der Lethargie.« Von Salvador Dalí, der in der Stadt Figueres geboren wurde und der von 1930 bis 1982 in einer alten Fischerhütte am Strand von Port Lligat, unweit des damaligen Fischerdorfes Cadaqués lebte und arbeitete, heißt es, in seinem Hang zur Exzentrik und Großtuerei habe er lediglich die Natur und Landschaft gespiegelt, von denen er umgeben war. Die Menschen in Ampurien sind bekannt für ihre Unnachgiebigkeit, die ihren Ursprung angeblich darin hat, dass sie sich gegen den Wind stemmen müssen. Verzieht sich das Wetterphänomen, hinterlässt es einen unwahrscheinlich klaren Himmel, und große Entfernungen erscheinen wie aufgehoben. »Dalí malt, als gebe es keine Luft zwischen ihm und den Subjekten – ganz so, als wehte die Tramuntana«, schreibt der britische Journalist John Langdon-Davies. »Sogar die perspektivischen Tricks, mit denen er die Unendlichkeit in seine Bilder bringt, hat die Tramuntana ihm eingeflüstert, der Wind, der die Welt für gewaltige Distanzen öffnet und alles ganz nah an die Netzhaut heranrückt.« Eines von Dalís Gemälden trägt den Titel »Christ der Tramuntana«. Es scheint, als sei die Tramuntana die eigentliche Erfinderin des Surrealismus.

»Wir haben eine so überschäumende Einbildungsgabe, dass wir Fliegen mit Adlern verwechseln«, heißt es bei Dalís Zeitgenossen Joseph Pla über die Menschen in Ampurien. Dalí muss als Kind zahlreiche Geschichten über Menschen gehört haben, die unter dem Einfluss der Tramuntana ihren Verstand verloren hatten; er wuchs mit der Angst auf, eines Tages ebenfalls verrückt zu werden. Sein Großvater väterlicherseits, der Korkenmacher Gal Dalí, lebte in Cadaqués, aber weil er die Tramuntana nicht ertrug und fürchtete, Selbstmord zu verüben, zog er Anfang der 1880er Jahre mit seiner Familie nach Barcelona. Fünf Jahre später stürzte er sich dort aus dem Fenster seiner Wohnung im dritten Stock eines Hauses auf der Rambla de Catalunya. Salvador Dalí erfuhr erst als Erwachsener davon, erwähnte den Selbstmord aber weder in seinem Tagebuch noch in seinem veröffentlichten Werk. Nur einmal sagte er, die Leute aus Cadaqués seien die »größten Paranoiden, die das Mittelmeer hervorbringt«. Er selbst schob das alles weit von sich, wenn er sagte: »Der einzige Unterschied zwischen mir und einem Verrückten ist, dass ich nicht verrückt bin.« Seine Sorge, er könnte die Paranoia und den Hang zur Depression geerbt haben, war nicht unbegründet: Sein Onkel Rafael versuchte sich Jahre nach Dalís Großvater umzubringen, auf genau dieselbe Art und Weise. Nur ein plötzlich auftauchender Bediensteter hinderte ihn daran. Seine Selbstmordangst brachte Dalí dazu, sich mit der Psychoanalyse sowie der Sprache der Träume und unbewussten Assoziationen zu beschäftigen.

Immer wieder thematisieren auch Filme den unheilbringenden Wind. In dem in Cadaqués spielenden »Tramontana« des Niederländers Ramón Gieling verliebt sich der alternde Kioskbesitzer und Amateurmaler Pepet Tremolls in ein 18-jähriges Mädchen mit dem vielsagenden Namen Rosa Campos de Amor. Der Vater der jungen Frau war ein Fischer, er wurde vor Jahren von der Tramuntana aufs Meer hinausgezogen und getötet. Bis zu 150 Tage im Jahr, heißt es hier, wehte der Wind durchs Dorf, im Film begleitet sein ständiges Getöse die von gegenseitiger Abhängigkeit und Eifersucht geprägte Beziehung von Rosa und Pepet, die Tramuntana heizt den Sextrieb Rosas genauso an, wie sie den des Bienenvolks lahmlegt. »Du bist kälter als die Tramuntana«, sagt Pepet einmal, woraufhin Rosa entgegnet:

»Ich *bin* der Wind«. Als sie Pepet mit ihrem ungeborenen Kind erpresst, hängt er sich schließlich am Balkon seiner Wohnung auf. Sie wird erst obdachlos und dann verrückt vor Kummer. Salvador Dalí wird im Film genauso zitiert wie Gabriel Garciá Márquez.

Der kolumbianische Schriftsteller Márquez schrieb 1982 eine Kurzgeschichte mit dem Titel »Tramontana«. Sie spielt an der Costa Brava, wo der Protagonist, der Márquez sehr ähnelt, mit seinen beiden Kindern die Sommerferien verbringt, und handelt von den Effekten, die der Wind auf die Menschen dort hat. Eine Gruppe von elf Schweden trifft in Barcelona auf einen jungen einheimischen Sänger mit schwarzen Locken und »arabischen Augen, die genügten, um die schwedischen Mädchen verrückt zu machen, und vielleicht auch ein paar der Jungen« (*Übersetzung AW*). Die Touristen versuchen, den jungen Mann von seiner in ihren Augen abergläubischen Angst vor der Tramontana zu heilen und ihn zu überreden, mit auf eine Party nach Cadaqués zu kommen. »Doch die Gründe des Jungen waren heilig. Er hatte in Cadaqués gelebt, wo er angeheuert worden war, in einer angesagten Bar Lieder von den Antillen zu singen, bis zum vergangenen Sommer, als die Tramontana ihn bezwang. Am zweiten Tag schaffte er es, zu fliehen, beschloss, nie mehr zurückzukehren, mit oder ohne Tramontana, und er war sicher, dass ihn, wenn er jemals zurückkehren sollte, der Tod erwartete.«

Der Erzähler selbst erinnert sich anlässlich der Begebenheit an einen 15 Jahre zurückliegenden Urlaub in Cadaqués, in dem er die Tramuntana zum ersten Mal erlebte. Sie kommt und geht ohne Vorwarnung und zwingt die Urlauber, bei zugenagelten Fenstern in ihren Ferienhäusern auszuharren. »Am Ende des zweiten Tages hatten wir den Eindruck, der furchtbare Wind sei kein Naturphänomen, sondern ein persönlicher Affront jemandes gegen uns, und zwar uns allein.«

Als der Wind abgeflaut ist, hängt der Pförtner ihres Hauses, ein alter Seemann, der ihnen noch am Vortag ein großes Mittagessen mit Kaninchen und Schnecken gekocht hatte, »eine Party inmitten des Horrors«, mit einem Seil um seinen Hals an einem Balken in seiner Loge, »noch in der letzten Bö der Tramontana schaukelnd«. Der Junge aus Cadaqués indes stürzt sich auf dem Weg zurück in die Stadt aus dem Auto der Schweden einen Abgrund hinunter. Aus Angst, an den Ort zurückzukehren, in dem die Tramontana wütet.

Eines der ganz wenigen, wenn nicht das Einzige der von den Brüdern Grimm aufgezeichneten Märchen, in denen Selbstmord thematisiert wird, ist »Der Bärenhäuter«. Ein armer Soldat, eine Waise und von seinen Brüdern alleingelassen, steht in Friedenszeiten ohne Einkommen da. Der Teufel erscheint ihm, testet seinen Mut und bietet ihm eine Wette an: Der junge Mann bekommt den Rock, in dessen Tasche sich immer genug Geld befindet, und das Fell eines Bären. Im Gegenzug darf sich der Soldat sieben Jahre nicht waschen, sich Bart und Haare nicht kämmen, die Nägel nicht schneiden und nicht beten. Der junge Mann willigt ein und zieht fortan durch die Lande, vollbringt gute Taten und gibt den Armen. Bereits im zweiten Jahr sieht er aus wie ein Ungeheuer, Leute schneiden ihn und nur durch sein Geld kommt er an Obdach und Gebete. Er trifft einen armen alten Mann und rettet ihn mit seinem Geld vor dem Gefängnis. Zum Dank verspricht der Alte ihm eine seiner drei Töchter. Die beiden ältesten fürchten und ekeln sich vor dem Bärenhäuter. Nur die jüngste erkennt, dass es sich bei ihm um einen guten Mann handeln muss. Sie verloben sich, und sie verspricht, die drei Jahre bis zum Ende seiner Wette auf ihn zu warten. Ihre Schwestern machen sich über sie lustig, aber sie lässt sich nicht beirren. Am letzten Tag der sieben Jahre erscheint dem Bärenhäuter der Teufel erneut. Er schaut verdrießlich drein und verlangt seinen Rock zurück. Der Bärenhäuter verlangt, dass der Teufel ihn wäscht und ihm die Haare und Nägel schneidet, woraufhin der Soldat schöner ist als je zuvor. Er kehrt zurück ins Haus des alten Mannes und fragt ihn, ob er ihm nicht eine seine Töchter zur Frau geben wolle. Die beiden älteren Mädchen verlassen den Raum, um sich ihre schönsten Kleider anzuziehen. Als der junge Mann mit der jüngsten in ihrem schwarzen Trauerkleid allein ist, gibt er sich zu erkennen, und die beiden küssen sich. Als die Schwestern das sehen, laufen sie voller Zorn und Wut aus dem Haus. Die eine ertränkt sich im Brunnen, die andere erhängt sich an einem Baum. Am Abend klopft der Teufel an die Tür und sagt: »Siehst du, nun habe ich zwei Seelen für deine eine.«

Neben einem fast typischen Märchennarrativ, dass derjenige, der aushält, mit dem für unmöglich Geglaubten belohnt wird, transportiert der Selbstmordabschnitt noch eine andere Moral: Der Teufel kann einem nur bei persönlichen Unzulänglichkeiten gefährlich werden. Etwa wenn man so oberflächlich und neidisch ist wie die beiden älteren Schwestern.

Das Märchen von Schneewittchen und den sieben Zwergen erzählt bekanntlich von einem versuchten Mord. Die böse Königin will Schneewittchen aus Eifersucht mit Hilfe eines vergifteten Apfels töten. Der Computerpionier Alan Turing, zu dessen Lieblingsfilmen die Disney-Version des Märchens zählte, inszenierte seinen Selbstmord nach Schneewittchens Vorbild: Er aß einen vergifteten Apfel.

Turing, der für die Entzifferung der deutschen Enigma-Maschine im Zweiten Weltkrieg mit dem Orden des britischen Empire ausgezeichnet worden war, hatte im Jahr 1938 Walt Disneys Trickfilm »Schneewittchen und die sieben Zwerge« gesehen. Disney mochte den Märchenstoff, weil er ihn an die schönsten Momente seiner Kindheit erinnerte: Nach dem Zeitungaustragen im kalten Chicagoer Winter hatte er sich zum Aufwärmen in den Sarg des benachbarten Bestatters legen und ausruhen dürfen. Turing gefiel daran möglicherweise die Idee, wie Schneewittchen im Sarg auf den Prinzen zu warten, der ihn retten würde. Noch Wochen nach dem Kinobesuch sang er, wenn er über den Campus in Cambridge lief: »Tauch den Apfel tief hinein / bis das Gift wird in ihm sein«.

Turings große Liebe war sein Klassenkamerad Christopher, der sich ebenso wie er für Naturwissenschaften interessierte. Die beiden kommen sich körperlich nicht näher, aber als Christopher mit 18 Jahren an Rindertuberkulose stirbt, schreibt der todtraurige Alan Christophers Mutter einen Brief. Die lädt den Jungen ein, mit ihr anstelle des Toten eine Reise zu unternehmen. Alan war wie sein älterer Bruder von seinen Eltern ohne rechten Grund in eine Pflegefamilie gegeben worden und später aufs Gymnasium gekommen. Christophers Mutter wird eine Art Ersatzfamilie für ihn, er schläft im Bett des toten Freundes, lässt sich von der Mutter zur Nacht küssen und schreibt ihr drei Jahre lang Briefe.

In einem Kino hatte Turing 1951 den 19-jährigen Stricher Arnold Murray kennengelernt, ihn zu sich nach Hause eingeladen und ihm von der Arbeit an seinem »elektronischen Gehirn« erzählt. Murray, geschmeichelt von den Bemühungen des Wissenschaftlers, ihn für sein Feld zu begeistern, entschied sich vorgeblich, auf sein Honorar zu verzichten, nur um heimlich einen Zehnpfundschein, ein Paar Schuhe und Turings Kompass einzustecken. Als Turing das merkte, stritten die beiden. Um sich für die Demütigung zu rächen, verriet Murray einem kriminellen Bekannten Turings Adresse. Als die Polizei den dann erfolgten Einbruch aufnahm, entdeckte sie Magazine mit Fotos von nackten Jungen. Turings Homosexualität galt im Großbritannien der 1950er Jahre als ein Verbrechen gegen die Königin und also strafbar. Turing lieferte Murray der Polizei aus, die sich wiederum fragte, was den Wissenschaftler mit dem Stricherjungen verband. Turing wurde im März 1953 angeklagt, erhielt eine Bewährungsstrafe und die Auflage, sich einer »Behandlung« seiner Homosexualität zu unterziehen. Er bekam im Rahmen einer chemischen Kastration Östrogen verabreicht, ihm wuchsen Brüste, er wurde impotent und entwickelte eine Depression. Und er galt auf einmal nicht mehr als Held, sondern als Gefahr für Großbritannien und zog sich in Manchester in die Isolation zurück.

Turing hatte schon, kurz nachdem er »Schneewittchen« im Kino sah, darüber nachgedacht, sich mit Hilfe eines in Blausäure getauchten Apfels zu töten. Kurz vor seinem Tod 1954 besuchte er mit seinem Psychotherapeuten Franz Greenbaum und dessen Frau einen Vergnügungspark und ließ sich dort von einer Wahrsagerin die Zukunft vorhersagen. Anschließend war er totenblass und weigerte sich, zu erzählen, was er erfahren hatte. Er brach die Therapie ab, rief am Tag vor seinem Selbstmord noch einmal bei Greenbaum an. Als der zurückrief, hatte Turing den vergifteten Apfel schon halb gegessen und lag mit Schaum vorm Mund tot in seinem Bett, wo ihn seine Haushälterin fand. Um seine Mutter zu schonen, die ihn immer vor dem versehentlichen Schlucken der Blausäure gewarnt hatte, hatte er einen chemischen Versuch aufgebaut. So konnte sie glauben, das Gift sei beim Experimentieren an seine Hände und von da in seinen Mund gelangt. Turings Ziel, mit einem Computer eine höhere geistige Intelligenz zu erschaffen, spiegelt sich in seinem Wunsch, wie das übernatürlich schöne und edle Schneewittchen zu sterben. 1949 hatte er im »Time Magazine« folgende Prognose abgegeben: »Eines Tages werden die Damen im Park sich gegenseitig erzählen: ›Mein kleiner Computer hat heute Morgen so etwas Lustiges gesagt!‹« Fans vermuten, dass das Logo der Firma Apple auf Turings Selbstmord verweist.

Als postmoderne Formen von Märchen oder so etwas wie zeitgenössische Folklore gelten heute sogenannte urbane Legenden. Anders, als ihr Name vermuten lässt, spielen sie nicht ausschließlich im städtischen Raum, sehr wohl aber in der Gegenwart. Sie werden mündlich überliefert, die jeweils Erzählenden platzieren sie in Settings, die ihnen und ihren Zuhörern vertraut sind, und es wird stets betont, dass es sich genau so zugetragen habe. Eine besonders grausame urbane Legende, die ihren Ursprung in Nordamerika hat, trägt den Namen »Der Tod des Freundes« und weist in ihren zahlreichen Varianten immer die gleiche Struktur auf: Ein Junge und ein Mädchen fahren mit dem Auto in eine abgelegene Gegend und parken. Später versucht der Junge, den Wagen wieder zu starten, aber der springt nicht an. Er sagt dem Mädchen, dass es warten solle, und geht Hilfe holen. Doch er kehrt nicht zurück, und alles, was das Mädchen während der langen Nacht hört, ist, dass etwas aufs Autodach tropft oder auf ihm herumschleift. Am Morgen dann kommt ein Polizist und weist das Mädchen an, das Auto zu verlassen und sich ohne sich umzuschauen, zu entfernen. Die junge Frau dreht sich doch um, und je nach Variante liegt ihr Freund enthauptet auf dem Auto, hängt an einer Schlinge um seinen Hals oder an seinen Fußgelenken und mit aufgeschlitzter Kehle von einem Baum herab, sodass es entweder das tropfende Blut, seine Füße oder seine Finger waren, die sie in der Nacht auf dem Autodach gehört hat. Wie auch immer der Junge genau zu Tode gekommen ist, ob durch Selbstmord oder Mord, spielt keine Rolle, und auch nicht, dass dem Jungen das Benzin aus- oder das Auto kaputtgeht, *nachdem* die beiden schon Zeit zusammen verbracht haben, anstatt dass, wie es zu erwarten gewesen wäre, der Junge die vermeintliche Panne ausnutzt, um sich dem Mädchen zu nähern.

Der Legende liegt immer dasselbe Thema zugrunde: die Sexualität von Teenagern. Das Narrativ »Junge und Mädchen im Auto« ist so bekannt, dass in den mündlichen Erzählungen gar nicht erwähnt werden muss, zu welchem eigentlichen Zweck der Ausflug geschieht. Klar ist auch, warum diese Legende erzählt wird: Sie soll jungen Menschen als abschreckendes Beispiel dienen und sie davor bewahren, zum Rummachen in abgelegene Gegenden zu fahren. Allerdings erklärt das nicht, warum es der Junge und nicht das Mädchen ist, das auf so grausame Weise stirbt, wo es doch nur Mädchen sind, die schwanger werden können, es also meist sie sind, die unter den Folgen von Teenagersex leiden und denen daher traditionellerweise die strengeren Regeln auferlegt werden.

Es liegt in der Natur von folkloristischen Erzählungen, dass sie denen, die sie erzählen, eine Art Befriedigung verschaffen. Sigmund Freud und dem amerikanischen Ethnologen und Folkloristen Alan Dundes zufolge dienen sie zudem der indirekten und verdeckten Erfüllung unbewusster Wünsche. Die urbane Legende vom Tod des Freundes gehörte und gehört noch immer zum Repertoire der Gruselgeschichten, die sich junge Mädchen auf Übernachtungspartys erzählen. Demnach muss ihr Reiz genau in der oben genannten Abweichung liegen: Sie kommt davon, er erleidet Schreckliches. Indem der Junge die Konsequenzen des Ausflugs tragen muss, stellt die urbane Legende die in der Wirklichkeit vorkommende Situation auf den Kopf. Sie ist eine weibliche Phantasie.

Es bleibt die Frage, warum der Junge auf diese Art und Weise stirbt. Der Grund dafür liegt, so argumentiert der Soziologe Michael P. Caroll, in der gesprochenen Sprache. Die mündliche Überlieferung folkloristischer Erzählungen bringt es mit sich, dass sie sich verändern. Sie werden von den Assoziationen geformt, die sie in den Ohren der Lauschenden auslösen. Ein frühes Beispiel dafür ist der griechische Mythos um die Bergnymphe Daphne, die vor dem verliebten und allzu zudringlichen Apoll flieht. In ihrer Not ruft Daphne ihren Vater Peneios an (in manchen Überlieferungen ist es auch die Göttin Gaia), der sie in einen Lorbeerbaum verwandelt. Schon im 19. Jahrhundert setzte sich die Ansicht durch, der Grund, warum Daphne ausgerechnet zu einem Lorbeer- und nicht zu irgendeinem anderen Baum wurde, ist, dass die griechischen Wörter für den Namen der Nymphe und den Baum die gleiche phonetische Wurzel haben. Das schuf eine psychologische Verbindung zwischen beiden und sorgte dafür, dass in einer Geschichte über Daphne an irgendeiner Stelle der Lorbeerbaum auftauchte. Auch Freud erkannte, dass phonetische Ähnlichkeiten an der Konstruktion von Phantasien beteiligt sind, und führte zum Beispiel den Traum eines Patienten, in dem das Land Italien vorkam, auf die Ähnlichkeit von »gen Italien« und »Genitalien« zurück. Nun sind Träume keine Folklore, Witze aber sehr wohl, und immer wieder zeigt Freud in seinem Werk, welche Rolle phonetische Ähnlichkeiten, also Wortspiele und Zweideutigkeiten, in den Pointen von Witzen spielen. Das, was dem Witz zugrunde liegt und normalerweise unterdrückt wird, bahnt sich so seinen Weg ins Bewusstsein des Zuhörers. Was steht auf dem Grabstein des Börsenmaklers, der sich verspekulierte und seinem Leben ein Ende setzte? »Hier liegt er richtig, an der Börse lag er immer falsch.«

Etwas Ähnliches – psychologische Assoziationen, die in phonetischen Ähnlichkeiten begründet sind und die folkloristischen Traditionen formen – liegt laut Michael P. Carroll im »Tod des Freundes« vor.

Da urbane Legenden so erzählt werden, als seien sie wirklich passiert, müssen sie der natürlichen Ordnung der Dinge gehorchen. Die Umkehrung der Wirklichkeit darf also nicht so aussehen, dass etwa der Junge schwanger wird. Daher muss er sterben. Wie auch immer er genau ums Leben kommt, immer ist sein Hals betroffen: Mal ist er an ihm aufgehängt, mal ist er aufgeschlitzt oder ganz durchtrennt. »Hals« heißt auf Englisch »neck«, das Wort für »knutschen« lautet: »to neck«. Wahrscheinlich wurde im Prozess der sprachlichen Weiterverbreitung das, was der Junge mit dem Mädchen tut, in der Phantasie der Hörer mit dem verschaltet, was ihn dafür als Strafe ereilt.

Der Ursprung speziell dieser urbanen Legende liegt laut ethnologischen Untersuchungen in den späten 1960er Jahren. In einer Zeit also, als Sex von strengen Regeln befreit wurde und sich der Umgang damit grundlegend änderte. Für Frauen bedeutete das erhöhte Risiken, schwanger zu werden. Die Angst verlagerte sich vom Sex an sich auf das, was er an Konsequenzen mit sich bringen konnte. Bei Frauen resultierte das wiederum in dem unbewussten Wunsch, nicht sie, sondern die Männer müssten die Konsequenzen des Geschlechtsverkehrs tragen. Genau diesem Wunsch entspricht das Narrativ vom »Tod des Freundes«.

Bis dass der Tod uns scheidet –
Doppelselbstmorde

Im Japanischen gibt es zwei Begriffe für den gemeinsamen Suizid zweier Liebender: Shinjū bedeutet so viel wie »in jemandes Herz«, Jōshi in etwa »Liebestod«. In der Ausweitung des Konzeptes gibt es auch den Familien-Shinjū, wenn etwa Kinder gemeinsam mit ihren Eltern sterben. Die Liebenden geraten dadurch ihn ihre ausweglose Situation, dass der Konflikt zwischen Pflicht und Gefühl für sie nicht lösbar erscheint. In der japanischen Literatur, im Theater, Puppentheater und Film gilt Shinjū als romantische Art, zu sterben, und bedeutet nicht zwangsläufig das Ende einer Tragödie. Auch bei uns sichert Toten kaum etwas so viel Aufmerksamkeit, ja Glamour, wie ein gemeinsam begangener Suizid zweier Liebender – dafür müssen sie im Leben gar nicht berühmt gewesen sein. Ein Paar, das zusammen in den Tod geht, ist die ins Dunkle gewendete Hoffnung auf die ewige Liebe. Selbst der Doppelselbstmord Henriette Vogels und Heinrich von Kleists, die gar kein Liebespaar waren, trägt dieses düstere Leuchten in sich. Wie bei Shakespeare verzweifeln zwei am Leben und scheiden gemeinsam aus ihm. Der eine kann nicht ohne den anderen leben. Buchstäblich.

Sati gehört eindeutig nicht in diese Kategorie. Die hinduistische rituelle Witwenselbstverbrennung, bei der sich Frauen in Indien, Bali und Nepal bis in die Neuzeit hinein mit dem

Leichnam ihrer verstorbenen Männer verbrennen ließen, war umstritten. Im Hinduismus herrscht das Selbstmordverbot, von dem Asketen und Witwen ausgenommen waren – außer, sie waren schwanger oder stillten ein kleines Kind. Sati war für Witwen nicht verbindlich und kam in höchstens drei Prozent der relevanten Todesfälle vor – es war also wie der Doppelselbstmord allgemein keine häufige Praxis. Entscheidender aber ist: Diese Frauen starben nicht aus Liebe, sondern ursprünglich wohl, damit sie im Krieg nicht dem Feind in die Hände fielen. Die Frauen genossen nach ihrem Tod hohes Ansehen. Später dann wurde Sati zum Protest gegen die Kolonialisierung, bis heute findet sie vereinzelt in Indien statt und ist vor allem für die Schwiegerfamilie vorteilhaft: Sie darf dann die Mitgift der Braut behalten.

Das erste Paar der Geschichte, das sich gemeinsam umbrachte, waren Kleopatra und Marcus Antonius. Anders, als es zahllose Filme und Dutzende Erzählungen wollen, war diese Beziehung zwar von Macht, Obsession und Eifersucht geprägt, zumindest von ihrer Seite jedoch nicht so sehr von romantischer Liebe. Was daran liegen mag, dass die romantische Liebe damals noch gar nicht erfunden war.

Im Jahr 51 vor unserer Zeitrechnung besteigt die 18-jährige Kleopatra VII. Thea Philopator als Herrscherin von Ägypten den Thron, was die letzte Pharaonin bis heute zu einem Symbol für mit Macht gepaarter Schönheit macht. Drei Jahre später landet der Diktator der Weltmacht Rom, Gaius Iulius Caesar, in Alexandria, und schon nach kurzer Zeit beginnen die beiden eine Affäre, was Kleopatra auch unter dem caesarischen Protektorat ihre Machtstellung sicherte.

Nach dem Mord an Caesar durch eine gegen ihn verschworene Senatorengruppe kehrt die nun machtlose Kleopatra an den Nil zurück. Von dort aus beobachtet sie die Machtkämpfe, die im Römischen Reich zwischen den Caesarmördern und ihren Gegnern Marcus Antonius und Octavian toben. Antonius schließt zusammen mit Octavian und Lepidus das Zweite Triumvirat, das den drei Männern fast die gleichen Vollmachten einräumt wie zuvor Caesar. Antonius übernimmt die Organisation des reichen Orients, und weil sich Kleopatra im Bürgerkrieg angeblich zweideutig verhalten hat, lässt er sie vorladen. Kleopatra, die um die Genusssucht des neuen Regenten wusste, segelte in einer gold-purpurnen Prachtgaleere bei Antonius ein. An Bord standen kostümierte schöne Mädchen und Lustknaben, sie selbst trat ihm als leicht bekleidete irdische Inkarnation der Göttin Aphrodite bzw. deren ägyptischen Pendants Isis entgegen. Ein paar luxuriöse Bankette später war er ihr, die er bereits als 15-Jährige in Rom gesehen hatte, verfallen.

Antonius heiratet aus taktischen Gründen Octavians Schwester. Kleopatra schafft es auch durch die Geburt von Zwillingen nicht, Antonius an sich zu binden, und er verschwindet. Als er nach drei Jahren zurückkehrt, nehmen sie die Beziehung wieder auf und regieren schließlich gemeinsam. Aus Angst, dass Antonius zu ihrer Konkurrentin zurückkehrt, lässt sie ihn befürchten, sie werde sich in dem Fall das Leben nehmen. Ob leere Drohung oder nicht, Kleopatra probiert an Verbrechern schon mal verschiedene Gifte aus.

Zwischen den drei Triumvirn kommt es zum Machtkampf und schließlich zum Krieg. Nach der von Antonius angeführten Entscheidungsschlacht vor Alexandria ergibt sich Antonius im

Jahr 30 vor unserer Zeitrechnung und kehrt in die verlorene Stadt zurück. Kleopatra sitzt auf ihren in Sicherheit gebrachten Schätzen in ihrem Mausoleum, die Tür hat sie verbarrikadiert. Octavians Schwester, seine Exfrau, überbringt Antonius einen gefälschten Abschiedsbrief und behauptet, er stamme von Kleopatra. Im Gefühl, sein Leben sei ohne Kleopatra sinnlos, befiehlt Antonius einem seiner Sklaven, ihn zu töten. Außerstande, seinem Herrn diesen Wunsch zu erfüllen, tötet sich der Sklave selbst. Also wirft sich Antonius in sein eigenes Schwert. Er ist schwer verletzt, stirbt aber nicht. Als er erfährt, dass Kleopatra noch lebt und auf ihn wartet, lässt er sich auf einer improvisierten Bahre in ihr Mausoleum tragen und durch das Fenster hieven. Er stirbt Stunden später in ihrem Armen. Unklar ist, ob Kleopatra ihren Geliebten absichtlich in den Tod trieb, um mit Octavian zu einem Einvernehmen zu kommen. Sie darf Antonius noch ein prächtiges Begräbnis ausrichten, wird danach aber wieder in ihrem Palast gefangen gehalten, um später in Rom als Kriegsbeute vorgeführt zu werden.

Kleopatra beschließt, ebenfalls zu sterben. Sie nimmt ein Bad und lässt sich ein köstliches Mahl zubereiten. Mit Hilfe ihrer Zofen Iras und Charmion, die mit ihr in den Tod gehen werden, kleidet sie sich in ihr prachtvollstes Pharaoninnengewand, legt sich auf ihr goldenes Bett und lässt sich von einer Aspisviper, einer von den Ägyptern als Symbol königlicher Macht verehrten Kobra-Art, ins Dekolletee beißen. Andere Quellen werden später davon sprechen, dass sie sich mit einer vergifteten Haarnadel in den Arm sticht. Am wahrscheinlichsten ist aber, dass sie sich Gift spritzte oder es trank. Und zwar das des Doldenblütlergewächses Schierling, das anders als die Kobra einen schnellen und für die Nachwelt ansehnlichen Tod garantiert. Die Atemlähmung setzt schnell ein, allerdings bei vollem Bewusstsein. Möglicherweise mischte sie das Gift mit Opium. Als Octavian ihren tatsächlichen Abschiedsbrief bekommt, in dem sie den Wunsch äußert, neben Antonius begraben zu werden, lässt er nach Psylli schicken. Die Schlangenbeschwörer und ausgebildeten Giftsauger können nichts ausrichten, Kleopatra ist 39-jährig gestorben. Ein Geschichtsschreiber formuliert: »Sie gewann die beiden größten Römer ihrer Zeit für sich, und wegen des dritten nahm sie sich das Leben.«

Rudolf war ein ruhiges und sensibles Kind, sehr sprach- und phantasiebegabt. Aber er war auch Kronprinz des kaiserlichen Österreich und Ungarn, weshalb ihm sein Vater, Kaiser Franz Joseph I., eine harte militärische Erziehung angedeihen lassen wollte. Er ließ den Jungen bei Regen und Kälte stundenlang exerzieren und weckte ihn gern mit Pistolenschüssen – so lange, bis die Mutter, Kaiserin Elisabeth, dem Treiben Einhalt gebot. Rudolf verfasste bereits mit neun Jahren sein erstes Testament. Er war 16, als ihn eine Schauspielerin in die Geheimnisse der Liebe einführte, von da an hatte er unzählige Affären. Seine große und einzige Liebe starb, nachdem sie aus dem Exil ausgebrochen war, in das man sie verbannt hatte. Auf Druck seines Vaters musste Rudolf 1881 Stephanie heiraten, die Tochter des belgischen Königs. Die notierte nach der ersten Nacht: »Welche Qualen, welches Entsetzen – ich dachte, ich würde an meiner Desillusionierung sterben.« Rudolf ersuchte den Papst um die Annulierung seiner unglücklichen Ehe, dieser beantwortete den Brief abschlägig – und adressierte ihn an Kaiser Franz. So fiel Rudolf bei seinem Vater noch tiefer in Ungnade. Auf einem Empfang, bei dem der Sohn sich vor dem Vater verneigte, drehte dieser ihm vor den versammelten Gästen den Rücken zu. Rudolf rannte aus dem Saal und sagte zu einem Freund: »Der Kaiser hat mich öffentlich beleidigt. Von jetzt an sind alle Bande zwischen uns zerrissen. Von jetzt an bin ich frei!« Er sprach immer öfter von Selbstmord. Er war mittlerweile morphiumsüchtig und von einer Syphilis-Erkrankung dermaßen geschwächt, dass er bei einer Militärparade vom Pferd zu fallen drohte. Zur gleichen Zeit lernte Rudolf die Diplomatentochter und Baronesse Mary Vetsera kennen. Die 17-Jährige hatte die Klatschpresse verfolgt und schwärmte wie viele ihrer Altersgenossinnen für den 13 Jahre älteren Kronprinzen.

Nach einem ersten Aufeinandeinandertreffen wurden die beiden von Rudolfs Cousine Gräfin Marie Larisch verkuppelt, die geheimen Treffen von seinem Leibfiaker Josef Bratfisch und ihrer Zofe gedeckt. Am 28. Januar 1889 verabschiedet sich Rudolf von seiner anderen Geliebten, Mizzi Caspar, mit der er die Nacht bei Champagner verbracht hat. Entgegen seiner Gewohnheit soll er sich bekreuzigt haben. Er lässt sich auf sein Jadgschloss in Mayerling südwestlich von Wien kutschieren, Mary Vetsera wird von Bratfisch wenig später dort abgesetzt.

Die beiden essen zu Abend, Rudolf ruft Bratfisch in den Saal, bietet ihm Wein und Zigaretten an und lässt ihn »'s gibt nur a Kaiserstadt, 's gibt nur a Wean!« singen und pfeifen. Gegen 23 Uhr wird er entlassen. Gegen 6.10 Uhr tritt Rudolf pfeifend aus seinem Schlafzimmer und weist seinen Kammerdiener Johann an, ihm eine Stunde später im Billardzimmer das Frühstück zu servieren. Als Johann über den Hof geht, hört er zuerst den Schuss, mit dem Rudolf erst Mary erschießt, die ihr Eislaufkleid angezogen und sich neben ihn ins Bett gelegt hat. Mit dem zweiten Schuss tötet sich Rudolf selbst. In seinem Abschiedsbrief an seine Frau steht: »Liebe Stephanie! Du bist von meiner Gegenwart und Plage befreit. Werde glücklich auf Deine Art.« Das, was er an Geld dabei hat, soll Mizzi Caspar bekommen.

Erst vor kurzem fand man die verloren geglaubten Abschiedsbriefe, die Mary in der Nacht aufgesetzt hatte. An ihre Mutter hatte sie geschrieben: »Liebe Mutter! Verzeiht mir, was ich getan. Ich konnte der Liebe nicht widerstehen. In Übereinstimmung mit ihm will ich neben ihm im Friedhof von Alland begraben sein. Ich bin glücklicher im Tod als im Leben. Deine Mary.« Dann setzte sie noch hinzu: »Wir sind schon sehr neugierig, wie es in der anderen Welt aussieht«, und: »Bratfisch hat ganz wunderbar gepfiffen!« Im Brief an ihre Schwester Hanna steht: »Wir gehen beide selig in das ungewisse Jenseits. Denk hie und da an mich. Sei glücklich und heirathe nur aus Liebe. Ich konnte es nicht thun, und da ich der Liebe nicht widerstehen konnte, so gehe ich mit Ihm. Deine Mary.«

Ein weiterer Brief an die Kupplerin Larisch lautet so: »Liebe Marie, vergib mir all das Leid, das ich über Dich gebracht habe. Ich danke Dir herzlich für alles, was Du an mir getan hast. Wenn das Leben zu schwer für Dich werden sollte, und ich fürchte, das wird es werden, nach dem, was wir getan haben, so folge uns. Es ist das Beste, was Du tun kannst. Deine Mary.« Rudolf, so glaubt man, hatte Marys Nähe vor allem gesucht, weil er in ihr eine glühende Gefährtin für den Selbstmord sah.

War es bei Kleopatra und Antonius Machthunger, der sie zusammenbrachte und in den gemeinsamen Tod trieb, war es bei Theresa Duncan und Jeremy Blake – neben ihrem quasireligiösen Glauben an das Konzept der Bohème – tatsächlich die Tatsache, dass sie sich so sehr liebten, dass sie nahezu mit dem gleichen Kopf dachten. Sie hatten sich 1994 auf einem Konzert der Post-Hardcore-Band Fugazi in Washington D. C. kennengelernt oder auf einer Hausparty, so genau wussten ihre Freunde das hinterher auch nicht mehr zu sagen. Sie, ein Punk in Designerkleidern, arbeitete bei einer Firma, die Computerspiele auf CD-ROM herstellte, von der Sekretärin hatte sie sich zur Spiele-Entwicklerin hochgearbeitet und ihre Bosse überzeugt, ihr 80 000 Dollar für ein Videospiel für Teenagermädchen zu geben. Es wurde ein großer, cooler Erfolg, dem man bescheinigte, das Medium transformiert zu haben, ohne herablassend zu sein. Er, fünf Jahre jünger als sie, hatte gerade sein Studium beendet und suchte noch seine Richtung als Künstler. Erst nachdem sie im Jahr nach ihrem ersten Treffen ungefähr zur gleichen Zeit nach New York gezogen waren, verliebten sie sich und zogen zusammen. Jeremy begann, mit Hilfe des Computers digitale Bilder zu malen, kaleidoskopische Abstraktionen, die er auf Plasmabildschirmen zeigte, und hatte erste, von Kritikern gefeierte Einzelausstellungen. 1999 lief ihr gemeinsamer Animationsfilm »The History of Glamour« auf der Whitney Biennale, ihr gemeinsamer Durchbruch. Sie waren jetzt dieses erfolgreiche, gut aussehende, glückliche Paar, das andere sich allein dadurch besonders fühlen ließ, dass sie mit diesen beiden Zeit verbrachten. In einem Interview sagte Theresa auf die Frage, wo sie gern wäre, wenn ein Erdbeben die USA erschüttern würde: »Schlafend in Jeremy Blakes Armen.« In den zwölf Jahren ihrer Beziehung verbrachten sie, wenn möglich, jede Nacht miteinander und hatten laut ihren Freunden keinen einzigen Streit oder auch nur verschiedene Meinungen in einer Sache. Der Musiker Beck beauftragte Jeremy mit der Gestaltung des Covers für sein Album »Sea Change«, der Regisseur Paul T. Anderson mit der der Zwischentitel des Liebesfilms »Punch-Drunk Love«. Theresa bekam einen Vertrag über zwei Kinofilme. Ein Umzug nach Hollywood war überfällig geworden.

Und dort begann der lange Abstieg. Ihren Film »Alice Underground« über zwei Schulmädchen, die einen Rockstar entführen, ereilte das Schicksal unzähliger unrealisierter Filme vor ihm: Nach einem schwungvollen Beginn versandete die Arbeit an ihm an irgendeinem Punkt, wurde wieder aufgenommen, versandete wieder – so lange, bis die Option der Filmproduktionsfirma auslief, dasselbe passierte bei einer neuen Firma. Sie versuchte sich an kleineren Projekten. Vergebens. In Hollywood reichten ihre Persönlichkeit und ihr Wille auf einmal nicht mehr, um ihr den gewohnten Erfolg zu bringen. Aber Theresa wollte Erfolg, so wie Wes Anderson und Sophia Coppola, und sie wollte oder konnte um keinen Preis Kompromisse eingehen.

Ihr Frust übertrug sich auf ihn, und er, der nie aggressiv gewesen war, sprach immer öfter davon, dem »System« nicht zu vertrauen. So schaukelten sie sich gegenseitig hoch. An einem der Abende, als sie Freunde zu sich eingeladen hatten, sprach Jeremy ganze 45 Minuten über seine Beziehung zu Beck, wie eng sie miteinander an dem Albumcover gearbeitet, sich dann aber entzweit hätten, dass Beck Scientologe sei und die Sekte Leute überwachen lasse, die sie als eine Bedrohung wahrnehme. Später ging es lange um die Künstlerin, Autorin und Filmemacherin Miranda July, die sie ebenfalls verdächtigten, Mitglied bei Scientology und sein und sie zu stalken. Beck sagte später, Religion sei nie Gesprächsthema bei den Treffen von Theresa, Jeremy, ihm und seiner Frau gewesen. Scientology stritt ab, jemals überhaupt etwas von Theresa und Jeremy gehört zu haben.

Irgendwann sprangen die Verdächtigungen des Paares, die Leute um sie herum seien an einer Verschwörung gegen sie beteiligt, auf ihre engsten Freunde über. Als jemand Jeremy vorschlug, sich wegen seiner Wahnvorstellungen in psychologische Behandlung zu begeben, sagte er, Therapeuten seien Teil einer »neuen Weltordnung«. Im Sommer 2006 verloren sie ihr Häuschen in Venice, angeblich, weil Jeremy Urin auf den Grill eines Nachbarn schüttete, von dem er überzeugt war, er sei ein Scientologe. Theresa klopfte eines Abends, als Jeremy untypischerweise nicht zu Hause war, an die Tür einer Nachbarin, die mit einem älteren Filmproduzenten zusammen war, und sagte: »Jeremy und ich haben diesen Club gegründet, in dem wir alte Männer finden und uns von ihnen in den Arsch ficken lassen. Wir wollten fragen, ob ihr vielleicht mitmachen wollt?« Gefragt, ob sie das ernst meine, lächelte sie und ging zurück zu ihrem Haus. Sie kam an diesem Abend noch fünf- oder sechsmal wieder. Die Nachbarn erwirkten durch die Ankündigung, andernfalls Polizeischutz anzufordern, Theresas und Jeremys Rauswurf, möglicherweise konnten die sich auch die Miete nicht mehr leisten. Ihren Rückkehr nach New York begründeten sie teilweise mit Jeremys neuem Beraterjob bei der Firma, die er mitbegründet hatte: Rockstar Games, die Erfinder des weltweit erfolgreichen Videospiels »Grand Theft Auto«.

Zurück in der Stadt, zogen sie in die ehemalige Pfarrwohnung der St. Mark's Church im East Village, die Zweizimmerwohnung kostete 5000 Dollar Miete, in der 200 Jahre alten Kirche hatte Andy Warhol seine frühen Filme gezeigt, W. H. Auden und Allen Ginsberg hatten hier Lesungen veranstaltet.

Theresa verbrachte ihre Tage zu Hause, richtete die Wohnung ein und schrieb intelligente Kulturkritiken für ihren vielgelesenen Blog »The Wit in the Staircase«. Sie gingen wieder in ihre Stammläden aus, montags immer ins Beatrice Inn, ansonsten in das Bungalow 8, das nach einer von Jeremys Arbeiten benannt war. Sie waren liebenswürdig und großzügig wie immer, aber irgendwann bekamen auch ihre Freunde hier die anklägerischen E-Mails. Das Paar besuchte Treffen der sogenannten 9/11-Truther, also von Leuten, die hinter den Terroranschlägen eine globale Verschwörung mit Beteiligung der amerikanischen Regierung vermuteten. »Sogar auf dem Cartoon-Sender schalten sie Werbung, um Leute für die CIA zu rekrutieren«, schrieb Jeremy. Sie sprachen von einem massiven Gerichtsprozess, den sie planten, gegen Scientology anzustrengen, und verfassten ein 27-seitiges Dokument dazu, das deutlich machen sollte, dass sie nicht etwa verrückt geworden waren. Beck tauchte darin als derjenige auf, der den Konflikt der beiden mit der Sekte angezettelt hatte, Tom Cruise war schuld daran, dass »Alice Underground« gestorben war. Ihre Freunde nannten die Idee, dass sich die Regierung und Scientology gegen die beiden verschworen hatten, nur: »die Paranoia«.

Das Paar wurde zusehends abweisend und ängstlich, es isolierte sich, Theresa begann, zuckende, ruckartige Bewegungen zu machen. In ihrem Blogeintrag zitierte sie Franz Kafka: »Wenn du vor mir stehst und mich ansiehst, was weißt du von den Schmerzen, die in mir sind, und was weiß ich von deinen.« Eine Party im Garten ihres eigenen Hauses beobachteten sie durch die Fenster ihrer Wohnung, weil sie eine »kollektive Vision« gehabt hatten, dass der Grill explodieren und Theresa verletzten würde. Eine Woche später schluckte Theresa eine große Menge Schmerztabletten und spülte sie mit Alkohol hinunter. Nachmittags war Jeremy wie immer nach Hause gekommen und hatte sie zum Essen in einem Restaurant abgeholt. Als er nun zurückkehrte, fand er Theresa tot in ihrem Schlafzimmer. Zwei Tage vor ihrem Tod hatte sie auf ihrem Blog angekündigt, an einem Artikel mit dem Titel »Der Teufel und Dick Cheney« zu arbeiten. Es sollte darum gehen, dass der damalige Vizepräsident tatsächlich der Leibhaftige sei.

Seine Freunde erarbeiteten einen 24-Stunden-Betreuungsplan, sodass er in den Tagen nach Theresas Tod nicht allein war. Die Beerdigung sollte am 18. Juli 2007 in Washington D. C. stattfinden, am Tag vorher machte er einen guten und gefassten Eindruck, und so war sein wachhabender Freund einverstanden, als er sagte, er wolle in der Firma vorbeifahren und ein paar Straßenkarten für die Autofahrt nach Washington ausdrucken. Jeremy nahm den A-Train bis zur Endstation Rockaway Beach in Queens, ging an den Strand, zog sich nackt aus und ging ins Wasser. Seine Leiche wurde fünf Tage später sieben Kilometer vor der Küste New Jerseys gefunden. In seinen Kleidern, die er am Strand zurückgelassen hatte, steckte eine

Visitenkarte, auf die er geschrieben hatte: »Ich schließe mich der wunderbaren Theresa an.«

Anfang 2016 erregte ein Doppelselbstmord mit Ansage Aufmerksamkeit. Ein 70-jähriger Schweizer, der Peter Städeli genannt wurde, war an Parkinson erkrankt. In den letzten Jahren hatte sich sein Zustand deutlich verschlechtert. Er will nicht länger starke Schmerzmittel einnehmen, von Krämpfen geschüttelt und irgendwann bettlägerig werden. »Papi hat sich entschlossen, seiner Krankheit ein Ende zu setzen«, erklärte seine Frau Edith dem gemeinsamen Sohn Patrick. »Und ich werde mit ihm gehen.« Wenn er nicht weiterleben wolle, wolle sie auch nicht mehr. Peter weiß, dass er seine Frau nicht umstimmen kann. Sie nennt ihren Plan einen zutiefst egoistischen Gedanken – aber getragen von Liebe. Eine Sterbehilfeorganisation hätte Peter helfen können, aber die kerngesunde Edith hätte nie die Zustimmung der Ärzte und das Rezept für das Medikament bekommen. Sie müssen sich also selbst einen Plan machen. Zunächst werfen sie so viel Ballast ab wie möglich, sie verkaufen ihre Wohnung, kündigen alle Versicherungen und planen ihre gemeinsame Trauerfeier. »Wir sind seit 49 Jahren ein Paar, und jetzt machen wir unser Leben fertig«, sagt Edith. Das größte Abschiedsgeschenk, das Peter seiner Frau macht, ist, dass er sie zuerst sterben lässt.

Patrick hat bis zuletzt um seine Eltern gekämpft – vor allem mit sich selbst. Aber er sieht in ihrem Egoismus auch die Freiheit und die Selbstbestimmung, um die es ihnen geht. Den genauen Sterbetermin will er nicht wissen. Am Morgen nach dem Abend, den sie für ihre »Reise« (so nannte Städeli das) anberaumt haben, hatte Patrick das Gefühl, es sei passiert. Er fährt zur Wohnung, in der er aufgewachsen ist, ruft die Polizei, weil er sich nicht allein hineintraut, und lässt die Beamten vorgehen. Als die wiederkommen, sagen sie: »Ihre Mutter ist leider verstorben, ihr Vater ist ansprechbar.« Sie liegt tot im Bett, er im Delirium auf dem Flurboden. Die doppelte Dosis der Tabletten, die Edith vor ihm geschluckt hat, war für ihn nicht genug. Der Notarzt sagt, Peter Städeli wird durchkommen. Die Gesunde ist tot, der Kranke lebt. Städeli steht unter dem Verdacht der Beihilfe zum Selbstmord. Unter dem Verdacht, er habe seinen Suizid nur vorgetäuscht. Edith Städeli steht unter dem Verdacht, ihrem Mann hörig gewesen und nicht aus freien Stücken gestorben zu sein. Peter Städeli sagt schon auf dem Weg ins Krankenhaus, dass er es gleich wieder tun würde. Er kommt in eine geschlossene Abteilung, in fürsorgerische Unterbringung, wo er bügeln lernt. Es sei nicht der Tod seiner Frau, der ihn schmerze, sondern dass er nicht mit ihr gehen konnte. »Ich vermisse sie. Unsere Ehe ist ein 49 Jahre altes Kunstwerk, und das darf man nicht auseinanderreißen.« Immerhin ihre größte Sorge hatte er ihr nehmen können: Dass sie allein überleben würde. Der Verdacht der Beihilfe oder Schlimmeres wird von ihm genommen. Peter stirbt schließlich mit Hilfe einer Sterbehilfeorganisation.

Die wenigen engen Freunde, die Edith und Peter eingeweiht hatten, widersprachen ihren Argumenten kaum. Vielleicht konnten sie es als Gleichaltrige, deren Aktionsradius sich durch körperliche Gebrechen und sterbende Freunde verkleinert hatte, besser nachvollziehen, dass jemand seinem Leben vorzeitig ein Ende setzen will. Patricks Frau, eine Pfarrerstochter, wollte ihre Schwiegereltern nicht mehr sehen. Sie sagte, wäre sie in der gleichen Situation, hätte sie den Kontakt zu ihren Eltern abgebrochen. Beim letzten Besuch ihres Mannes bei Edith und Peter war sie dann doch dabei. Als Peter sich wegen eines Krampfes ins Bett legen musste, legten sich Edith, ihr Sohn und seine Frau dazu. In den Wochen nach dem Tod Ediths und vor dem Peters sind sich Vater und Sohn so nah wie nie.

Zwei Jahre vor Edith und Peter hatten sich der 86-jährige Bernard und die gleichaltrige Georgette Cazes im altehrwürdigen Pariser Luxushotel »Lutetia« einquartiert, am Abend schon Frühstück aufs Zimmer bestellt, zwei Briefe auf dem Tisch platziert, sich nebeneinander ins Bett gelegt, Plastiksäcke über die Köpfe gezogen und die anderthalb Minuten ausgehalten, bis sich die Ohnmacht eingestellt hatte. 70 Jahre hatten die ehemalige Philologieprofessorin und der einstige hochrangige Beamte zusammen verbracht. Mehr als ihren Tod befürchteten sie ihre Trennung. Der Hoteldiener, der ihnen das Frühstück brachte, fand sie. Einer ihrer Briefe war an den französischen Staat gerichtet, er war eine Klage wegen dessen »Missachtung der Freiheit des Bürgers«. Die strengen Sterbehilfegesetze hätten es ihnen verboten, »auf stille Weise ihr Leben zu beenden«, der Staatsanwalt solle gegen die Republik ermitteln. Bernard und Georgette Cazes beauftragten ihren Sohn, die Anklage weiterzuführen.

Was all diese Geschichten gemeinsam haben? Betten. Zum Sterben gehen Paare häufig ins Bett.

In Japan kam 1958 ein Fall vor den Obersten Gerichtshof, in dem der Mann seinen Todeswunsch nur vorgetäuscht hatte. Er reichte seiner Partnerin das Gift und trank seines selbst nicht. Er hatte nie vor, zu sterben, und wurde zu sechs Jahren Haft verurteilt, wegen Totschlags.

Der Mann, der aus dem Hochhaus fiel

Er fällt kopfüber, ein Bein nach hinten angewinkelt, die Arme hinter dem Rücken verschränkt. Sein Körper bildet eine perfekte Parallele zu den Vertikalen der Gebäude hinter ihm, links der Nord-, rechts der Südturm. Ruhig, würdevoll, fast elegant schwebt er dem Asphalt entgegen.

Das Bild stammt vom 11. September 2001, genau 9.41 Uhr und 15 Sekunden, gemacht hat es Richard Drew, ein Fotograf der Associated Press, der an dem Morgen bei einer Schwangerschafts-Modenschau in Bryant Park gewesen war, als ein mit ihm anwesender CNN-Kameramann über seinen Knopf im Ohr hörte, dass ein Flugzeug in den Nordturm des World Trade Center gerast war.

Als um 10.28 Uhr der Nordturm einstürzte, waren bereits Dutzende, wenn nicht Hunderte gesprungen. Anderthalb Stunden lang fielen Menschen stumm durch die Luft, während die, die auf der Straße standen und nach oben blickten, bei jedem Einzelnen vor Entsetzen aufschrien. Rudolph Giuliani, der damalige Bürgermeister von New York, sagte beim Anblick der fallenden Menschen: »Wir betreten hier unkartiertes Terrain.« Einer der Springenden fiel auf einen auf der Straße stehenden Feuerwehrmann und tötete ihn.

Das Bild von dem, der bald als »der fallende Mann« bekannt werden sollte, erschien am nächsten Tag weltweit in Hunder-

ten Zeitungen. Danach verschwand es und wurde in der Berichterstattung von den Aufnahmen heldenhafter Feuerwehr-
männer und auf Ruinenteile gepflanzter US-Flaggen ersetzt.
Von ihm und den anderen Springenden sollte nicht mehr ge-
sprochen werden. In Zeiten, in denen in den USA der Patriotis-
mus hochgehalten wurde, galten diejenigen, die sich umbrachten, statt umgebracht zu werden, als feige.

Als der Autor Tom Junod zwei Jahre nach den Anschlägen
für das Magazin »Esquire« bei den New Yorker Behörden nach
der genauen Zahl derer fragte, die angesichts des durch Feuer
unpassierbar gewordenen Treppenhauses, statt zu ersticken
oder zu verbrennen, den ebenso sicher in den Tod führenden
Sprung aus den Fenstern gewählt hatten, sagte man ihm: »Sie
sind nicht gesprungen. Keiner sprang. Sie wurden nach drau-
ßen gezwungen oder geschleudert.«

In einem Akt kollektiver Selbsttäuschung legte sich ein
Tabu auf diese Tode, man versuchte die Tatsache, dass da Menschen wie Konfetti aus den beiden Gebäuden fielen, mit den
Explosionen im Inneren der Türme zu erklären – die Tatsache
ignorierend, dass sich Leute aus Gardinen und Tischtüchern
behelfsmäßige (und ganz und gar nutzlose) Fallschirme gebaut
hatten oder manche zu zweit sprangen, Hand in Hand. Statt als
jumpers, so die im Englischen übliche Bezeichnung für durch
Springen zu Tode Gekommene, werden sie als Mordopfer geführt. Tom Junod, der Autor des Artikels »The Falling Man«
hingegen nennt den Vorgang einen Massenselbstmord. Beides
stimmt.

Der Mann auf dem Bild wurde später als Jonathan Briley
identifiziert. Dessen Bruder Alex war der Soldat der Disko-

gruppe Village People. Es ist das einzige Foto, auf dem er in dieser Haltung zu sehen ist. Auf elf anderen Fotos, die es von seinem Sturz gibt, taumelt er hilflos durch die Luft.

Mark D. Thompson vom Moore Theological College in Sydney sagte über die Aufnahme: »Das vielleicht eindrucksvollste Bild von Verzweiflung am Anfang des 21. Jahrhunderts stammt weder aus der Kunst noch der Literatur oder gar der populären Musik. Es ist dieses eine Foto.«

Man kann es aber auch so sehen: Der fallende Mann entschied sich wie die 50 bis 200 anderen (die Schätzungen gehen hier auseinander) dafür, sich aus dem Fenster zu stürzen, statt bei lebendigem Leib in den Flammen zu verbrennen – was als der schmerzhafteste aller Tode gilt. Wenn auch nicht über die Tatsache, dass sie sterben würden, entschieden sie selbst über die Methode, wie sie es taten. Vielleicht aber schließen sich diese beiden Interpretationen – Verzweiflung und Freiheit – auch nicht aus.

Jack Gentul, dessen Frau Elaine sprang, sagte: »In gewisser Weise ist das vielleicht das letzte Stück Kontrolle, das dir bleibt. Alles um dich herum passiert, ohne dass du es stoppen kannst. Das ist etwas, das du tun kannst. Dem Rauch und der Hitze entkommen zu sein und an der frischen Luft zu sein muss sich angefühlt haben wie Fliegen.«

Während man in den Monaten nach den Anschlägen von offizieller Stelle am liebsten so tat, als hätte es die Springenden nicht gegeben, ist ihnen im 9/11 Memorial Museum, das heute an der Stelle der beiden Türme steht, ein eigener Bereich gewidmet. Abgetrennt vom Rest der Ausstellung, die die Ereignisse rekonstruiert, mit einem Warnhinweis (»besonders verstörend«) und einem Taschentuchspender versehen, werden in einer abgedunkelten Ecke Richard Drews Bilder gezeigt. Darunter auch das des fallenden Mannes. Flankiert wird die kurze Diashow durch zwei Zitate von Augenzeugen.

Einer erinnert sich an eine Frau, die minutenlang am Fenster stand, bevor sie ihren Rock festhielt und schließlich den Schritt in die Tiefe machte. »Ich dachte, wie menschlich und sittsam, dass sie ihren Rock festhielt, bevor sie sprang.« Eine andere Bewohnerin Lower Manhattans wird folgendermaßen zitiert: »Du fühltest dich gezwungen, hinzuschauen, aus Respekt vor ihnen. Sie beendeten ihr Leben, ob sie wollten oder nicht. Und es wäre falsch gewesen, sich von ihnen abzuwenden.«

In den folgenden Monaten sahen Radiostationen weltweit davon ab, Songs wie »In The Air Tonight«, »Free Falling« und »It's Raining Men« zu spielen.

Dorothy Parker – Resumé

Razors pain you;
Rivers are damp;
Acids stain you;
And drugs cause cramp.
Guns aren't lawful;
Nooses give;
Gas smells awful;
You might as well live.

Quellenverzeichnis

Literatur:

Alvarez, A.: *The Savage God. A Study of Suicide*. Random House, Inc., New York, 1972.

Amsden, David: *Conspiracy of Two*. New York Magazine, 19.08.2007, unter: http://nymag.com/news/features/36091/ (20. Mai 2016)

Bearman, Joshua: *Heaven's Gate: The Sequel*. L.A. Weekly, 21. März 2007.

Berardi, Franco »Bifo«: *Helden: Über Massenmord und Suizid*. Berlin 2016.

Bjelić, Dušan I.: *Public Suicide as a Deed of Optionless Intimacy*. Symbolic Interaction, Vol. 13, Nr. 2 (Herbst 1990). Wiley Society for the Study of Symbolic Interaction. S. 161–183.

Blow, Detmar: *Blow by Blow*. The Story of Isabella Blow. HarperCollins, New York, 2010.

Colt, George Howe: *The Enigma of Suicide*. Simon & Schuster, New York 1991.

Croitoru, Joseph: *Der Märtyrer als Waffe*. Die historischen Wurzeln des Selbstmordattentats. DTV, München 2006.

Durkheim, Émile: *Der Selbstmord*. Suhrkamp Taschenbuch Verlag, Berlin 2014.

Friend, Tad: *Jumpers*. The fatal grandeur of the Golden Gate Bridge. The New Yorker, Ausgabe 13. Oktober 2003.

Garciá Márquez, Gabriel: *Tramontana*. In: Strange Pilgrims. Penguin 1994. S. 133–140.

Graitl, Lorenz: *Selbstmord als Spektakel*. Zur kommunikativen Dimension des politisch motivierten Suizids. Springer VS, Wiesbaden 2012.

Grashoff, Udo (Hg): *»Ich möchte jetzt schließen«*. Briefe vor dem Freitod. Reclam, Leipzig 2004.

Grinshpan, Dana: *Hell Hath No Fury Like A Woman Scorned*. Palestinian Female Suicide Bombers. The Ohio State University, Department of International Studies. Columbus, 2009,

Harrington, Richard: *Das Gesicht der Arktis*. Ein Photoreporter erzählt. Ullstein, Wien, 1954.

Hille, Stephan: *Die Eltern gehen weg*. SZ Magazin, 25.03.2016, S. 28–37.

Huber, Florian: *Kind, versprich mir, dass du dich erschießt*. Der Untergang der kleinen Leute 1945. Berlin Verlag, Berlin 2015.

Jansson, Arne: *Suicidal Murders in Stockholm*. In: From Sin to Insanity. Suicide in Early Modern Europe. Hrg. von Jeffrey R. Watt. Cornell University Press, 2004. S. 81–99.

Junod, Tom: *The Falling Man*. In: Esquire Magazine, September 2003.

Leineweber, Markus J.: *Modernization and Mental Health: Suicide among the Inuit in Greenland, 2000*. Lewis, Russel J. et al.: Aircraft-Assisted Pilot Suicides in the United States, 2003–2012. Federal Aviation Administration, Office of Aerospace Medicine.

Martschukat, Jürgen: *Ein Freitod durch die Hand des Henkers*. Erörterungen zur Komplimentarität von Diskursen und Praktiken am Beispiel von »Mord aus Lebens-Überdruß« und Todesstrafe im 18. Jahrhundert. Zeitschrift für historische Forschung. Hrg. von Johannes Kunisch et al. Duncker & Humblot. 27. Band (2000). S. 53–74.

Oswaks, Molly: *Welcome to the Hotel California.* Details Magazine, 12/2015, S. 89–93.

Paterniti, Michael: *The Suicide Catcher.* GQ Magazine, Mai 2010.

Perkins Gilman, Charlotte: *The Yellow Wall-Paper.* The New England Magazine, Januar 1892.

Rosin, Hanna: *The Silicon Valley Suicides – Why are so many kids with bright prospects killing themselves in Palo Alto? The Atlantic,* Dezember 2015.

Schweitzer, Yoram (Hrsg.): *Female Suicide Bombers: Dying for Equality?, The Jaffee Center for Strategic Studies (JCSS), Memorandum No.* 84. August 2006.

Staudt, Viktor: *Die Geschichte meines Selbstmords und wie ich das Leben wiederfand.* Droemer, München 2014.

Strauss, Alix: *Death Becomes Them.* Unearthing the Suicides of the Brilliant, the Famous, and the Notorious. HarperCollins, New York 2009.

Stuart, Kathy: *Suicide by Proxy: The Unintended Consequences of Public Executions in Eighteenth-Century Germany.* In: Central European History 41 (2008), S. 413–445.

Quinn, Sally: *Christine Chubbuck, 29, Good-Looking, Educated.* A Television Personality. Dead. Live and in Color. Washington Post, 4. August 1974.

Wendt, Alexander: *Du Miststück.* Meine Depression und ich. S. Fischer, Frankfurt am Main 2016.

Willemsen, Roger: *Der Selbstmord.* Briefe, Manifeste, literarische Texte. Erweiterte und überarbeitete Neuausgabe, S. Fischer, Frankfurt am Main 2002.

World Health Organization (Hrg.): *Preventing suicide: A global imperative,* 2014.

Woolf, Virginia: *Mrs Dalloway.* Fischer Taschenbuch, Berlin 1997.

Filme:

Abu-Assad, Hany: *Paradise Now*. Augustus Film, Palästinensische Autonomiegebiete 2005.

Gieling, Ramón: *Tramontana*. Boeddhistische Omroep Stichting, Niederlande 2009.

Grün, Leopold: *Der Rote Elvis*. Totho, Deutschland 2007.

Heil, Judith, und Kruska, Antje: *Teuflische Spiele*. Zero one Film, Deutschland 2002.

Steel, Eric: *The Bridge*. IFC Films, Kanada 2006.

Stelley, Santiago (Prod.): *Aokigahara – Suicide Forrest*. Vice Films, Japan 2010.

Sono, Shion: *Suicide Circle – Jisatsu sâkuru*. Earthrise, Japan 2001.

Riley, Christopher: *The Girl Who Talked to Dolphins*. BBC, Großbritannien 2014.

Dank

Ich danke allen, die am Zustandekommen dieses Buches beteiligt waren:

Philipp Albers, Joachim Bessing, Simon Elson, Fred P. Flüster, Nina Franz, Mirna Funk, Holm Friebe, Janne Gärtner, Björn Hartwig, Bianca Heuser, Mascha Jacobs, Sören Kittel, Sabine Kray, Thomas Lindemann, Ingo Niermann, Dirk Peitz, Frank Paul Radermacher, Cornelius Reiber, Christian Werner und Eric Wrede. Lars Birken-Bertsch, Franziska Günther und Lina Muzur. Unbekannterweise: Ira Glass und Roger Willemsen (†). Sabine Hein und Thorsten Waak. Martha Linke (1905–1988) und Helene Waack (1899–1984).

MIX
Papier aus verantwor-
tungsvollen Quellen
FSC® C083411

ISBN 978-3-351-05034-4

Blumenbar ist eine Marke der Aufbau Verlag GmbH & Co. KG

1. Auflage 2016
© Aufbau Verlag GmbH & Co. KG, Berlin 2016
Einbandgestaltung und Illustration Studio Grau, Berlin
Innentypografie Julia Koslowski, Berlin
Gesetzt aus der Kepler MM durch Greiner & Reichel, Köln
Druck und Binden CPI books GmbH, Leck, Germany
Printed in Germany

www.aufbau-verlag.de
www.blumenbar.de

Janko Marklein
Florian Berg ist sterblich
Roman
336 Seiten
ISBN 978-3-351-05022-1
Auch als E-Book erhältlich

Ein beispielhafter Antiheld seiner Generation

Florian Berg ist der menschgewordene Widerspruch. Kein Wunder bei diesen Eltern. Der Vater ist Pastor und in ihrer niedersächsischen Gemeinde für die Hochzeiten zuständig, die Mutter ist Pastorin und übernimmt die Beerdigungen. Florian zieht zum Studium nach Leipzig, doch die Widersprüche ziehen mit: Er ist Couch-Potato und Abenteurer, fühlt sich zu Mädchen hingezogen und von ihnen abgestoßen, er sehnt sich nach Liebe und hat Angst vor ihr. Bis er sich eines Tages von der Couch erhebt und auf große Tour geht. Kaum unterwegs, stellt er fest, dass er die größte Rechnung noch mit sich selbst begleichen muss.

Regelmäßige Informationen erhalten Sie über unseren Newsletter. Jetzt anmelden unter: www.aufbau-verlag.de/newsletter

Bov Bjerg
Auerhaus
Roman
240 Seiten
ISBN 978-3-351-05023-8
Auch als E-Book erhältlich

»Wir sollten alle im Auerhaus wohnen.« David Wagner

Sechs Freunde und ein Versprechen: Ihr Leben soll nicht in Ordnern mit der Aufschrift Birth - School - Work - Death abgeheftet werden. Deshalb ziehen sie gemeinsam ins Auerhaus. Eine Schüler-WG auf dem Dorf - unerhört. Aber sie wollen nicht nur ihr Leben retten, sondern vor allem das ihres besten Freundes Frieder. Denn der ist sich nicht so sicher, warum er überhaupt leben soll.

Bov Bjerg erzählt mitreißend und einfühlsam von Liebe, Freundschaft und sechs Idealisten, deren Einfallsreichtum nichts weniger ist als Notwehr gegen das Vorgefundene. Denn ihr Ringen um das Glück ist auch ein Kampf um Leben und Tod.

»Das hat einen guten Sound, das hat Kraft. Und plötzlich bin ich wieder 17, 18 wie die Romanhelden, Wildheit der Jugend, will mit ihnen aufbrechen, ausbrechen, lieben, Unsinn machen.« Clemens Meyer

Regelmäßige Informationen erhalten Sie über unseren Newsletter. Jetzt anmelden unter: www.aufbau-verlag.de/newsletter

Boris Schumatsky
Die Trotzigen
Roman
384 Seiten
ISBN 978-3-351-05029-0
Auch als E-Book erhältlich

Die Liebe in Zeiten der Revolution

Moskau, August 1991. Alexander »Sascha« Potjomkin wird durch das Klingeln des Telefons geweckt. Es ist seine Mutter, die ihm erklärt, dass die Welt, wie er sie kennt, nicht mehr existiert. Vor Saschas Fenster rollen Panzer über den Leninprospekt. Er ist Dolmetscher und sieht sein Heil in der Flucht nach Berlin. Für Saschas bayerische Freundin Anna Iwanowna hingegen ist das Moskau im Umsturz die freieste Stadt der Welt.
Die Trotzigen ist die Geschichte eines Kampfes um politische und persönliche Ideale und der Suche nach dem richtigen Weg zum besseren Leben, das jeder in einer anderen Richtung vermutet.

»Mit Schumatsky ist es nie langweilig. Er hat in einem Buch mehr zu sagen, als der ganze russische Schriftstellerverband in den letzten zwanzig Jahren. Ich habe es in einer Nacht verschlungen.«
Wladimir Kaminer

Regelmäßige Informationen erhalten Sie über unseren Newsletter. Jetzt anmelden unter: www.aufbau-verlag.de/newsletter

Erika Krouse
Fight Girl
Roman
Aus dem Amerikanischen von
Teja Schwaner
304 Seiten
ISBN 978-3-351-05030-6
Auch als E-Book erhältlich

Was bedeutet dir etwas?

Die Streetfighterin Nina Black kennt jeden noch so düsteren Winkel in Denver. Sie kämpft mit ihren Fäusten gegen Männer, die sie für leichte Beute halten und zu spät begreifen, dass sie selbst die Beute sind – und neben der Würde stiehlt sie ihnen auch gleich noch die Brieftasche. Ninas Leben ändert sich schlagartig, als eines ihrer Opfer, ein Polizist und ehemaliger Streetfighter, zu alter Form aufläuft und beides zurück will: sein Geld und seine Würde. Auf der Suche nach dem einzigen Menschen, der sie auf den Final Fight vorbereiten kann, begegnet sie nicht nur ihrer alten Liebe wieder.

»Mit ihrem instinktiven Verständnis für die dunklen Winkel weiblicher Comedy ist Krouse eine geistige Schwester von Lorrie Moore.« New York Times Book Review

»Die krasseste, intensivste romantische Komödie, die ich je gelesen habe – anrührend und brutal wie ein schöner, zerbrechlicher taumelnder Boxer auf der Suche nach Liebe.« William Haywood Henderson

Regelmäßige Informationen erhalten Sie über unseren Newsletter. Jetzt anmelden unter: www.aufbau-verlag.de/newsletter

Blumenbar
Willkommen im Club